# 中國學術思想 研究輯刊

三二編

林慶彰 主編

第7冊

**祼禮考辨**

周聰俊 著

花木蘭文化事業有限公司

國家圖書館出版品預行編目資料

祼禮考辨／周聰俊 著 -- 初版 -- 新北市：花木蘭文化事業有限公司，2020〔民 109〕

目 4+154 面；19×26 公分

（中國學術思想研究輯刊 三二編；第 7 冊）

ISBN 978-986-518-279-3（精裝）

1. 五禮 2. 研究考訂

030.8　　　　　　　　　　　　　　　　　109011237

ISBN-978-986-518-279-3

9 789865 182793

中國學術思想研究輯刊

三二編　第 七 冊　　　　　　ISBN：978-986-518-279-3

## 祼禮考辨

| | |
|---|---|
| 作　者 | 周聰俊 |
| 主　編 | 林慶彰 |
| 總 編 輯 | 杜潔祥 |
| 副總編輯 | 楊嘉樂 |
| 編　輯 | 許郁翎、張雅淋　美術編輯　陳逸婷 |
| 出　版 | 花木蘭文化事業有限公司 |
| 發 行 人 | 高小娟 |
| 聯絡地址 | 235 新北市中和區中安街七二號十三樓 |
| | 電話：02-2923-1455／傳真：02-2923-1452 |
| 網　址 | http://www.huamulan.tw 信箱 hml 810518@gmail.com |
| 印　刷 | 普羅文化出版廣告事業 |
| 封面設計 | 劉開工作室 |
| 初　版 | 2020 年 9 月 |
| 全書字數 | 103281 字 |
| 定　價 | 三二編 24 冊（精裝）新台幣 60,000 元 |

# 裸禮考辨

周聰俊　著

## 作者簡介

周聰俊，1939 年生，台灣台北人。1965 年台灣師範大學國文系畢業，1975 年及 1981 年兩度再進母校國文研究所深造，1978 年獲碩士學位，1988 年獲博士學位。主要學術研究領域為文字、先秦禮學以及三禮器物。曾任基隆高中、師大附中等校教師，台灣科技大學教授。著有《說文一曰研究》、《饗禮考辨》、《祼禮考辨》、《三禮禮器論叢》、《禮圖考略》等書。

## 提　要

　　先王制禮，緣乎人情，是故古人於宗廟祭祀，必先求神，乃有灌地降神之事，蓋以神既來格而後可享。惟據經傳所見，祼禮祇作為某一禮典組成之一節次，不單獨行使，故多散見諸禮之中。復以祼禮不傳，難知其詳，而載籍簡約，說者又各出己意，致使古宗廟祭祀中，降神之祼禮，真象難明。夫祼本專為求神之禮，而先王亦以斯禮待賓客，遂及賓客之禮，而諸侯冠禮有祼享之儀，天子籍禮亦有祼鬯之節，其意義及其儀法，或當有殊。且宗廟之祼有祼神祼尸之分，賓客之祼有禮祼饗祼之別，而說者亦不盡全同。若夫鬱鬯所用鬱草或所盛禮器，漢儒箋注亦不能無誤。因徵諸經傳群籍以及出土實物資料，以探搜典籍所見宗廟祭祀中之祼禮及其相關問題。或考其原委，以袪眾惑，或博綜異說，以辨是非，期得近其實象。

目

次

# 第一章 緒 論

　　夫先王制禮，緣乎人情。祖先祭祀，所以合鬼與神，彷彿生人而祭之，是故古人廟饗，必先求神。稽諸典籍，則虞舜之世，蓋已具此禮，至於其前，則無由徵焉。

　　古者求神之道，或以氣，或以聲，或以臭。《禮記・郊特牲》云；「有虞氏之祭也，尚用氣。血腥爓祭，用氣也。殷人尚聲。臭味未成，滌蕩其聲。樂三闋，然後出迎牲。聲音之號，所以詔告於天地之間也。周人尚臭，灌用鬯臭。鬱合鬯，臭陰達於淵泉。既灌，然後迎牲，致陰氣也。蕭合黍稷，臭陽達於牆屋。故既奠，然後焫蕭合羶薌。」是用氣也，用聲也，用臭也，其所貴尚容有先後之異，而其誠敬則同。蓋其義皆所以冀神明聞之，而來格來享則一也。是故（宋）應鏞曰：「祭祀之禮，帝王所同，而必別言之者，隨其所尚，各有所先也。『戛擊鳴球，祖考來格』，虞非不尚樂也，而商樂視舜愈備，〈猗那〉之詩可考也；『厥作祼將，常服黼冔』，商非不尚灌也，而周祼視商則愈重，〈旱麓〉受祖之詩可見矣。」（衛湜《禮記集說》卷六十七頁二十二引）。是知有虞氏之用氣，非不用樂也；殷人先求諸陽，非不求諸陰也。尚氣尚聲尚臭，皆以始言之，而其意各有主耳。

　　周禮之法，廟饗先求諸陰，故祭莫重於祼。是以馬融曰：「祭祀之盛，莫過初盥（灌）降神」（李鼎祚《周易集解》卷五引），（宋）薛平仲曰：「灌之為義，先王所以致精神之交，敬淵泉而貫冥漠也」（王與之《周禮訂義》卷三十三頁十七引）。乃知夫夫子云「禘自既灌而往者，吾不欲觀之矣」者，蓋精誠所交，唯灌為至，其意蓋亦深遠矣。

　　據文獻資料言之，殷周禮制，有本為獨立行使之禮典，亦有本非獨立行使之禮典。獨立行使之禮典，或單獨行之，或作為某一禮組成之一部分。「諸侯之射，必先行燕禮；卿大夫士之射，必先行鄉飲酒禮」（《禮記・射義》），即此之類。非獨立之禮典，不能單獨行使，而為某一禮典組成之一節次，經傳中所見祼禮，即屬此類。是祼禮多散見各禮中。復以祼禮不傳，致使古宗廟祭祀中，始以求神之祼禮，莫知其詳。檢諸經傳所載，其涉祭祀、賓客之祼者多矣。惟鄭玄注經，其解說此種禮制，亦多互文相足，必合諸注，乃為完備。此者雖其訓詁之一法，但對禮制之解說，未必能盡其全義。益以用辭差異，故後之述其學者，說亦不盡全同。其所以然者，蓋時湮代遠，真象難明，而載籍簡約，辭義又多隱晦，後人參酌推敲，勢必各出己意，乃有紛紛之論也。

　　惟祼禮雖佚，未盡失也，其散見於典籍者，猶可考而窺知。其所存最多者，莫如《周禮》與《禮記》。《周禮》一書雖為晚出，而分官設職，法度詳密，蓋為國家行政法典也。章學誠《文史通義・禮教篇》云：「夫一朝制度，經緯天人，莫不具於載籍，守於官司。故建官制典，決非私意可以創造，歷代必有沿革，厥初必有淵源。」而以為《周禮》乃「鑒於夏殷而折衷於時之所宜」。章意《周禮》所載蓋為先王之制，而因循沿革，有所損益，宜非誑言耳。至於《禮記》，乃所以解經所未明，補經所未備，漢儒以為「七十子後學者所記」，而至小戴始匯輯成書。其間或滲入秦漢間人述禮之文，然其為先秦儒學者論禮之重要典籍，蓋可據信。近百年來，先秦文物大量出土，而殷契周彝涉乎祼事者，例亦不尟。蓋皆有可資探討祼禮原委，補經傳之闕佚者也。因檢散見經傳資料，旁稽歷代師儒之說，輔以出土先秦文物，以探尋祼禮之原委。凡前人諸說為是者，則取之，其有所疑，則為之詳考慎辨，庶得其實焉。本篇題曰「祼禮考辨」，凡分八章。其所論列，約述如后：

　　第一章　緒論。綜述研究動機，方法，以及各章節內容大要。

　　第二章　祼禮溯源。先從文獻資料稽考前人之說，再藉古文字學者研究殷周古文之成績，取其有關祼禮者，與文獻資料相互印證，以見古祼禮最早之資料，且以為經傳祼禮之佐證。

　　第三章　祼禮探義。宗廟祭祀，蓋與靈魂不滅之觀念有關，而祭祀必先祼以求神，此乃先王制禮，緣乎人情者也。因詳論其義，且以見古無灌地降神之非。而惟人道宗廟有祼，天地社稷山川四方諸外神則不祼，或謂天子巡

守，有事山川，則用灌焉者，蓋非其實，亦予辨說。

第四章　祼禮儀節。祼之節雖佚，而稽諸典籍，其略尚可見之。惟前儒多合求神與獻尸為一事，其說殆有未然。實則宗廟之祼，有祼神與祼尸之別。祼神者，所以降神也，蓋神既來格而後可享，此在正獻之前；祼尸者，所以飲尸也，此在正獻之中；二者之儀有異，不可混同。此宜明辨以澄清者也。

第五章　祼禮施用範圍。祼本專為求神之禮，而先王以待神明之道以待賓客，遂及賓客之禮。若夫賓客之祼，亦有禮祼與饗祼之不同。先儒論賓客之祼事，多以朝享禮賓當之，而與饗禮之祼無涉也，是則須明禮祼饗祼之別。又冠禮與籍禮，亦皆有祼之儀節在其中，亦就典籍所見，以探討焉。

第六章　祼禮所用鬯酒。祼禮所用酒類，據文獻資料所見，有「鬱鬯」，而「秬鬯」於姬周初期，或亦用焉。至於殷商之世，其祼所用，則或酒，或醴，或鬯，殊難論定。自漢以降，鬱鬯所用鬱草，每混於鬱金香而無別，而鬱草使用部分，亦有用葉與用根之異，甚或有用其華或百草之華者，皆須辨說以明也。若夫鬯、秬鬯與鬱鬯異說之紛岐，漢儒已啟其端，是又不可不辨也。

第七章　祼禮相關禮器。自鬱草之搗煮，鬱汁與秬鬯之調和，以至盛鬯、挹鬯、祼鬯，其相關之禮器，皆所論列。其或見於經傳，或見於彝銘，或據實物形制以推斷，大抵以文獻之所載，合以出土實物，相互印證，以冀得其正。

第八章　結論。就本篇所論，歸納其中論點之較主要者以殿焉。

此本篇內容之大要也。茲篇取材，散見群籍，以及出土實物資料。故雖辛勤蒐集，不辭煩瑣，然以資質駑鈍，學識疏淺，其間疏漏罣誤之處，在所不免。尚祈博雅君子，有以教焉。

# 第二章　裸禮探源

## 第一節　從文獻資料考察

夫裸禮之初始，或亦遠矣。《書・皋陶謨》云：「予欲觀古人之象，日月、星辰、山龍、華蟲、作會，宗彝、藻火、粉米、黼黻、絺繡，以五彩彰施于五色，作服」，鄭玄注云：「宗彝謂宗廟之鬱鬯樽也。故虞夏以上，蓋取虎彝、蜼彝而已。」孔疏引鄭注此文，且云：「《周禮》宗廟彝器有虎彝、蜼彝，故以宗彝為虎蜼也。」《周禮・司尊彝》賈公彥疏，於鄭說亦嘗有徵引，而謂：「虎彝、蜼彝當是有虞氏之尊。」按〈司尊彝〉掌六彝，曰雞彝，曰鳥彝，曰斝彝，曰黃彝，曰虎彝，曰蜼彝，六者所以盛灌酒之器也。《禮記・明堂位》謂之「灌尊」，蓋所以實裸鬯之尊也。又謂之「鬱尊」，以其為鬱鬯之所實，故云然。是據鄭注及賈、孔二疏之說，則虞世似已有裸禮明矣。惟江聲《尚書集注音疏》則以鄭氏謂虎蜼為虞用鬱鬯尊，蓋為推測之辭，其言曰：「《禮記・明堂位》云：『灌尊，夏后氏以雞彝，殷以斝，周以黃目』，此舉三代之彝，不及鳥與虎蜼，而鳥與雞類也。據〈司尊彝〉職，雞彝、鳥彝同用，則或俱是夏物，故推虎蜼為虞之宗彝也。然則言虞以上可爾，云虞夏者，以此是虞夏書，故連言夏，其意實主于虞也，但虞之虎蜼，書無明文，故云蓋以疑之」。孫星衍《尚書今古文注疏》說同〔註1〕。按虎蜼為虞用灌尊，此係鄭氏推測之辭，抑為鄭氏有所本而言，今固無由以稽決，然當存參。若夫

---

〔註 1〕江說見《皇清經解》卷三九一頁一七（第六冊，總頁四〇五九）。
　　　　孫說見《皇清經解》卷七三八頁八（第十二冊，總頁八五六〇）。

—5—

《禮記・明堂位》云：「灌尊，夏后氏以雞彝，殷以斝，周以黃目」，此夏后氏有裸禮之明證也，惟其詳則莫由徵焉。

## 第二節　從古文字資料考察

### 一、文字學者對古裸字之說解

　　殷有裸禮，大抵為研究甲骨文之學者所首肯者也。惟殷商裸禮，是否與姬周全然相同，此則又難於稽焉。就殷商卜辭而言，以其文辭簡約，說者又各據所據，故裸禮字究竟以何為是，即有岐異。且裸禮不傳，難知其詳，載籍所見，又僅是隻字片語，故欲取與卜辭相互印證，而得其禮之真象，蓋亦有戛戛乎其難者矣。雖然，據卜辭以明殷商已有此種禮制，則可確然論定。因爰殷周古文，採諸家研究之所得，其涉乎裸禮者，論述於後，且取文獻資料以辨證焉。

　　（一）𦥑（雚）讀為灌說

　　卜辭有𦥑、𠂤字，孫詒讓釋為《說文》雈部訓「鴟屬」之雈（《契文舉例》頁四五），羅振玉釋為《說文》訓小爵之雚（《殷虛書契考釋》中頁三三），一九六五年改訂之《甲骨文編》，釋𠂤為雈，釋𦥑為雚。李孝定《甲骨文字集釋》第四，據《說文》分收𦥑𠂤二字，而謂二者當為一字。金祥恒撰〈釋𦥑𠂤〉一文，據甲骨卜辭，以及經籍異文，謂羅釋𦥑𠂤為雚是，而孫說為非。趙誠之《甲骨文簡明詞典》、徐中舒主編之《甲骨文字典》，雖將𦥑、𠂤隸定為雚雈二字，然以𦥑、𠂤為一字之異形，亦無異辭。

　　至於卜辭雈、雚之義，羅氏謂「卜辭借為觀字」，胡小石《說文古文考》釋為風，郭沫若《卜辭通纂》謂「疑假為禍」，陳夢家《卜辭綜述》釋為雚，謂即穫之初文。諸家之說，詳見李孝定《甲骨文字集釋》第四「雈」字下徵引。金祥恒以為諸說皆有可議，乃詳加駁辨，而釋為雚，謂假為後世禘灌之灌，為祭名，亦即《論語・八佾》「子曰：『禘自既灌而往者，吾不欲觀之矣』」，以及《禮記・郊特牲》「灌用鬯臭」之灌。其言曰：

　　　卜辭之𠂤或𦥑，當釋雚，即《說文》之雈，鴟屬，借雚為禘灌之灌。
　　　　〔註2〕

---

〔註2〕見《中國文字》第二十四期，頁二八一〇。

金氏所舉雚（萑）借為祭名者，凡十餘條。茲擇錄數例於后：

  1. 祭大乙，其用萑？（《鄴》三下　四六、一〇）

  2. 雚大乙，王☒（《粹》一四七）

  3. ☒卜，王其邁雚又大乙，弜☒（《南北明》五四三）

  4. 貞：年不其萑？（《珠》一一七五）

  5. 征雚歲？（《寧滬》一、一八六）

  按卜辭質約，故所據辭例雖一，而其義說者亦未必相同。《殷虛文字甲編》第二九〇二片，辭云：「癸亥卜侑萑母盧」，又《殷契粹編》第一四七片，辭云：「雚大乙」，《甲骨文編》並釋萑雚為祭名，謂即灌祭之灌。是其於🔣🔣二字，雖隸定為萑若雚，而其用為祭名則一也。西周彝銘所見，雚字疑似用為祭名者，亦有一例，〈效卣〉云：

  隹四月初吉，甲午，王雚于嘗，公東宮內饗于王。（《金文總集》五
  五一一）

此用法亦見於卜辭：

  壬寅卜，旅貞：王其往雚于🔣，亡災？（《甲骨文合集》二四四二
  五）

  「王雚于嘗」之雚，或讀為觀，即遊觀之義。方濬益《綴遺齋彝器款識考釋》（卷十二頁一三）、楊樹達《積微居金文說》（卷四頁一〇四），並持此說。或讀雚為灌，為祼，用為祭名，強運開《說文古籀三補》（卷四頁四）、日人白川靜《金文通釋》（第十六輯〈效尊〉）、赤塚忠《殷金文考釋》（〈癸未尊蓋〉）皆持此說，惟白川、赤塚二氏俱以為此灌蓋為附耕籍之禮而兼行之灌，亦即《國語·周語》所載周王耕籍田禮中之祼。如其說，則又非宗廟祭祀之灌也。蓋以銘辭簡約，其義為觀遊，或為宗廟灌祭，或為藉田禮之「祼」，義并可通，殊難決其從違也。

## （二）🔣（茜）即祼說

  卜辭有🔣、🔣字，其辭云：

  乙酉……貞來乙未彭🔣于祖乙十二月（《甲骨文合集》一五九四）

  癸未卜貞🔣豐叀出酒用十二月（《甲骨文合集》一五八一八）

王國維曰：

  此字從酉從廾束，殆即「無以茜酒」之茜，文曰「貞🔣豐」。《說文

解字》:「茜,禮祭,束茅加于祼圭而灌鬯酒,是為茜。象神歆之也。從酉艸。」此象手奉束于酉(即酒)旁,殆茜之初字。(《殷契類編》卷十四頁十九下引)

其字卜辭或省艸作🐝。按許書茜義,說者多以為乃以茅濾酒以去其糟滓,細審許文,斯說殆有未塙。實則許書訓釋,蓋言其灌鬯酒之儀,與夫「以茅縮去滓」之義固有不同。是故若以卜辭🐝、🐝字,謂即《說文》之茜,則其與祼禮有關,則確然無疑。

西周彝銘,〈魯侯爵〉有🐝字,其辭云:

　　魯侯乍爵,鬯🐝,用尊🐝(茜)盟。

郭沫若《殷周青銅器銘文研究》、唐蘭《西周青銅器銘文分代史徵》並以為此銘應分兩截,讀為「魯侯乍爵,用尊🐝鬯🐝盟」,為彝銘之一特例。徐同柏《從古堂款識學》云:

　　🐝,古祼字。〈考工記‧玉人〉注「祼之言灌也,或作淉,或作果。是文🐝象木有果形,旁作八水之象,上從自讀若鼻」,《禮記‧郊特牲》云:「灌用鬯臭」,鼻所以司臭也。(《金文詁林附錄》冊四頁二六四三引)

自徐氏以🐝為古祼字,吳大澂《說文古籀補》、孫詒讓《古籀餘論》、吳闓生《吉金文錄》、魯實先先生之《文字析義》,亦皆持此說。周名煇之《新定說文古籀考》以及郭沫若之《殷周青銅器銘文研究》、《兩周金文辭大系考釋》,謂🐝字非祼,乃《說文》茜字之古文。周氏於🐝字之結構,說之尤詳,茲錄之於后,以供參考。

　　🐝為茜字古文,從自從🐝從八,當是茜字古文,而從🐝為束字古文。殷虛卜辭有🐝字及🐝字,王國維云:「此字從酉從收從束,殆即無以茜酒之茜。文云『貞🐝豊』,《說文解字》:『茜,禮祭,束茅加于祼圭而灌鬯酒,是為茜。象神歆之也。從酉艸』,此象手奉束于酉(即酒)旁,殆茜之初字。」案王說是也。此文作🐝,從自,即古文鼻字,蓋象人之頭部,從🐝即《說文》所謂束茅,從八,象酒點之下滴,乃取象神飲之狀,此為純象形字。卜辭字從酉從束從收,與此文大同。(《金文詁林附錄》冊四,頁二六四五引)

　　🐝字或釋祼,或釋茜,有此二說。李孝定以為「孫吳諸家釋祼,於銘意

可通，而於字形無據。郭氏釋茜，雖能通讀，而字形無徵。茜酒之事，其重在酒，而字不從酉，無以見意。……王（國維）釋卜辭之☒為茜是也。……諸說中以釋茜者較長，然無確證，存疑為是。」（《金文詁林附錄》冊四，頁二六五〇）按李氏雖說☒字釋茜為長，然亦以為當存疑為是，其說甚允。至於卜辭☒、☒字，釋茜或祼，其實於義並無大異。蓋祼者稱其祭名，茜者說其祼法，要乃一體之兩面。自其祭名言之，則曰祼，自其祼法言之，則曰茜。後人誤以許書茜篆義訓，為「以茅縮去糟滓」，而不以為即灌法，故有此糾結。魯實先先生以為卜辭☒、☒字，為祼字之異體〔註3〕，非無見也。

### （三）☒（帥）讀作酹說

卜辭之☒、☒、☒、☒，于省吾釋為帥字之初文，謂卜辭用作祭名之☒，應讀作酹，酹從寽聲，與☒音近相假，且舉七條辭例以為證。其言曰：

> 甲骨文☒字，象兩手執席形。其席紋二層以至五層，多少無定，這是從正面看，如從側面看，則作☒形。金文「帥」字習見，左旁都從☒或☒。☒是帥字的初文，其演化規律是由☒變作☒，再變則作☒或☒，周代金文加上形符的巾旁，才變成形聲字之「帥」。漢隸的「帥」字從☒與從自互見。六朝以後，「帥」字行而「帥」字廢。
>
> （《甲骨文字釋林·中卷·釋☒》）

又曰：

> 甲骨文用作祭名之☒，應讀作酹，酹從寽聲，與☒音近相假。《字林》
>
> 謂「以酒沃地曰酹」。按沃地謂以酒灌地。

按卜辭☒與☒，釋者多家。或釋「謝」，孫詒讓《契文舉例》（見卷下，頁十六）、羅振玉《增訂殷虛書契考釋》（見卷中，頁五八）是也；或釋「爰」，葉玉森《殷虛書契前編集釋》（見卷七，頁十五）是也；或釋為「汎」之古文，郭沫若《卜辭通纂》（見頁一一七、一六一）是也；或釋為「度」，屈萬里《殷虛文字甲編考釋》（見頁一〇一、一六八）是也；或釋作「尋」，唐蘭《天壤閣甲骨文存考釋》（見頁四二、四三）、李孝定《甲骨文字集釋》（見第三冊，頁一〇三七、一〇三八）是也。益以于氏釋「帥」，則凡有六說。孫、羅、葉、郭諸說之非，唐蘭已詳辨之矣。其言曰：

> 按卜辭有☒字，孫詒讓釋作「謝」，謂從古文「射」而小異。羅振

---

〔註3〕見《文字析義》，頁九八三。

玉襲其說，以「🔲、🔲、🔲、🔲」諸字同釋為「謝」。然羅氏已知🔲之非「射」，故易其說為從言從兩手持席。然持席以謝，全出臆說。葉玉森疑🔲與🔲為一字，當釋「爰」，「爰舟」乃「引舟」之義。郭沫若疑是「汎」之古文。然🔲與🔲同之說，既非事實，茵竿浮水，亦僅由「🔲舟」或「🔲舟」之辭推測而得，他無佐證。（《天壤閣甲骨文存考釋》頁四二上）

李孝定以唐氏對諸家之辨駁為然，並以屈氏釋「度」為「於形無涉」。謂唐釋「尋」，形義兩皆允當，於契文、小篆、隸體衍變之迹，又弆若合符。按李說是矣，卜辭🔲🔲字為尋之古文，斯說蓋可以確信無疑也。

據上所述，則知于氏釋卜辭🔲🔲字，為帥之初文，其說殆非。但彼據金文、漢隸證明🔲🔲即帥字之初文，說殆可從。其字蓋象兩手執巾之形，說見高鴻縉《中國字例二編》。惟于說卜辭🔲（帥），應讀作酹，謂即酹祭，指灌酒于地以降神。其說似是墻然有據，然除「帥」、「酹」二字於聲韻尚有可說之外（按酹、帥二字古音並屬段氏第十五部），在文獻資料方面，略無例證可徵，其說之不足採信，蓋亦較然可見。

### （四）🔲🔲為裸說

卜辭有🔲、🔲、🔲、🔲、🔲諸字，羅振玉以為即後世之福字，字從兩手奉尊於示前，或省廾，或並省示。在商則為祭名，福象奉尊，故字從西，非從畐聲（《殷釋》卷中頁一七），郭沫若釋🔲若🔲為裸（《萃編》一九九、三二二），屈萬里以為釋裸為長，謂🔲蓋裸酒之器，亦即吳其昌所謂「古禮器中有流之尊壺」者是也〔註4〕。李孝定則以為福字卜辭作🔲若🔲，器形碩腹長頸無流，而此（🔲）有流，就字形言，二者應有別。惟有可疑者數事：

1. 🔲釋裸，音讀苦無佐證。篆文裸為形聲字，此則為象意字。
2. 此文與福字在卜辭辭例中無大別。
3. 卜辭福，亦多從兩手，惟所捧器形無流，而此則有流，亦僅小異。古象形文筆畫之間增損任意。

李氏據此數疑，以為此字釋裸，亦無確證，謂以存疑為是〔註5〕。

西周金文有🔲、🔲、🔲、🔲、🔲、🔲、🔲、🔲、🔲、🔲、🔲、🔲、

〔註4〕參見《殷虛文字甲編考釋》，頁四三，第二六八片釋文。
〔註5〕見《甲骨文字集釋·存疑第一》，頁四四五一、四四五二。

禓、禔諸字，其辭云：

1. 〈史獸鼎〉：「尹賞史獸〔■〕、易豕鼎一、爵一。」（《金文總集》一二七一）

2. 〈庚嬴鼎〉：「丁巳，王蔑庚嬴麻，易〔■〕、尃、貝十朋。」（《金文總集》一二四八）

3. 〈萬諆尊〉：「其則□〔■〕，用盉室人」（《金文總集》四八七四）

4. 〈小盂鼎〉：「……不〔■〕……王■，■從……」（《金文總集》一三二九）

5. 〈噩侯鼎〉：「鄂侯馭方內豊于王，乃〔■〕之。」（《金文總集》一二九九）

6. 〈鮮盤〉：「鮮蔑曆，■玉璋，〔■〕玉三品，貝廿朋。」（《金文總集》六七八四）

7. 〈守宮盤〉：「佳正月既生霸乙未，王才周。周師光守宮事，〔■〕周師，不舔。」（《金文總集》六七八五）

8. 〈不㽙方鼎〉：「■〔■〕，不㽙易貝十朋。」（《金文總集》一二三五）

9. 〈毛公鼎〉：「易女瓚鬯一卣，〔■〕圭瓚寶……」（《金文總集》一三三二）

10. 〈■匜〉：〔■〕（《金文總集》六七九四）

11. 〈我鼎〉：「遣〔■〕二。」（《金文總集》一二六○）

12. 〈何尊〉：「復高珷王豊〔■〕自天。」（《金文總集》四八九一）

13. 〈毓且丁卣〉：「歸〔■〕于我多高外山。」（《金文總集》五四七二）

14. 〈德方鼎〉：「佳三月，王才成周，征珷〔■〕，自蒿，咸。」（《金文總集》一一八四）

以上十四則彝銘，各條括號中字，眾說紛如，迄未有定論。王國維〈釋宥〉據〈毛公鼎〉■圭與秬鬯相將，因以為即鬯圭，故考證〈鄂侯鼎〉之「王乃■之」為「王祼馭方」。郭沫若襲其說，逐釋〈毛公鼎〉「■」、〈噩侯鼎〉「■」為「祼」，謂即〈庚嬴鼎〉■字之繁文，字從人從収以奉圭瓚（見《兩周金文辭大系考釋・噩侯鼎》）。〈毓且丁卣〉「歸■」釋同（見〈庚嬴鼎〉

考釋）。又釋〈庚嬴鼎〉「⿱」、〈史獸鼎〉「⿱」、〈萬諆尊〉「⿱」為古「瓚」字，謂字上端有流，流下示有重盤，一側視，一平視，平視之下盤復有柄，即象瓚形（見〈庚嬴鼎〉考釋）。一九五九年七月，發表〈由周初四德器的考釋談到殷代已在進行文字簡化〉一文，又釋〈毓且丁卣〉「歸⿱」、〈德方鼎〉「征斌⿱」、〈我鼎〉「遣⿱」諸字為「福」。按郭氏既云「⿰」為「⿱」之繁文，而「⿰」釋「祼」，「⿱」釋「瓚」，二字不同。既釋「⿱」為「祼」矣，其後又改釋為「福」。是其於上述諸字之詮釋，蓋亦未有確詁。唐蘭之《西周青銅器銘文分代史徵》一書，除〈小盂鼎〉外，歸納其所釋，約有三類：

一、凡字止從又旁者，隸定為「⿱」，讀為「福」，或讀為「副」：〈史獸鼎〉「尹賞史獸⿱」，釋「⿱」為「⿱」，謂「字像手持畐形，畐字為酒尊之有流可以灌酒的器，用以祭祀把酒灌在神示上就是福。〈毓且丁卣〉『歸福』，字作『⿱』，右邊偏旁就是⿱字。〈我鼎〉『遣福』，字作『⿱』，右邊偏旁則像兩手捧畐。上引器銘中，『歸福』和『遣福』，就是送人禮物的意思。此銘的⿱，就是指下面的方鼎和爵而言。」〈萬諆尊〉「其則口⿱」，釋同。而〈庚嬴鼎〉「易⿱朝」，則讀⿱為副，云：「副，女人首飾」。

二、凡字從示旁者，隸定作「禣」，讀「福」，為祭名，謂即灌祭：〈德方鼎〉「征斌⿱」、〈何尊〉「⿱自天」皆隸定作「禣」。云：「福字作禣」，甲骨文中常見，祭的一種。畐本象有流的酒尊，用兩手舉畐，灌酒於所祭的示（祭壇）上，稱為福；用手取肉放在示上稱為祭，那末福應該就是灌祭。祭後把餘酒送給人稱為致福，把祭肉送給人，稱為胙。」（見〈德方鼎〉銘文解釋）。又云：「福當即灌祭」（見〈何尊〉銘文解釋）。〈我鼎〉「遣⿱」、〈毓且丁卣〉「歸⿱」，釋同。

三、凡字從人旁者，隸定為「䣄」，或「偪」，讀為「祼」或「福」：〈不㚸方鼎〉「⿰⿱」，隸定為「䣄」，讀為「灌」，且云：「䣄字從畐，即畐而有足。畐本是灌酒之器，從卩是人形。容器的酉是尊，旁有卩形為酋，灌酒器的畐而旁有卩形為䣄，應讀為灌。」且以〈毛公鼎〉「⿱圭」，郭沫若逕釋為祼圭；〈噩侯鼎〉「乃⿰之」，王國維以為即祼賓客之祼，說皆不誤。而〈守宮盤〉「⿰周師」，則隸定為「偪」，讀為「福」。

至於〈小盂鼎〉「不⿱」，唐氏隸定為「鼻」，讀「祼」。謂「⿱疑是祼的原始象形字。畐在卜辭本作⿱，是有流的酒尊，即所謂灌尊。綜合唐氏對各

器銘文之解釋，其所隸定諸字，看似有別，而其用義蓋皆一義之引申或假借。〈不散方鼎〉「🔲」字釋「祼」，〈守宮盤〉「🔲」字釋「福」，然二字之結構不殊。「福」既是「灌祭」，「祼」亦為「灌祭」，則「福」與「祼」本一事之兩種稱呼，亦名異而實同。故其於〈𤔲侯鼎〉、〈毛公鼎〉並據王、郭釋「祼」為說。是其對諸字之考釋，殆無大殊。

　　馬承源主編之《商周青銅器銘文選》，於諸器字之考釋，約可歸為四類：

　　一、〈德方鼎〉「🔲」釋「福」，〈小盂鼎〉「🔲」釋「盧」，〈不散方鼎〉「🔲」，謂為《說文》所無，而皆云為祭名。

　　二、〈何尊〉「禮🔲」、〈我鼎〉「遣🔲」、〈毓且丁卣〉歸「🔲」、〈史獸鼎〉「尹賣史獸🔲」，並釋為「福」，謂即胙肉。且云：「〈史獸鼎〉銘字象手執一有流的酒器，〈毓且丁卣〉「歸🔲」之福，與此福造意相同，而有繁簡之別。福從示畐聲，畐是有流的酒器。銘字下从又，有受酒之意。福，祭祀之酒肉。」（見〈史獸鼎〉銘文解釋）

　　三、〈𤔲侯鼎〉「🔲之」、〈守宮盤〉「🔲周師」，並釋為飲之之意。其釋〈守宮盤〉「🔲」字云：「字象舉爵酌人，有祼義，意為飲酒。」而〈毛公鼎〉「🔲圭𤔲寶」，亦讀「🔲」為祼。

　　四、〈庚嬴鼎〉「易🔲𩪋」，則釋「🔲」為爵。

　　一九八五年修訂之《金文編》，則將上列〈史獸鼎〉、〈小盂鼎〉、〈𤔲侯鼎〉、〈毛公鼎〉、〈不散方鼎〉、〈我鼎〉、〈何尊〉、〈德方鼎〉、〈毓且丁卣〉九器中括號內諸字，列於不識之附錄下，且分置五處以為五字。黃盛璋以為甲骨金文之「祼」與「福」，其形相似，用於祭祀亦同，前輩學者對此二字，所論皆在疑似之間，乃於所作〈穆世標準器——鮮盤的發現及其相關問題〉一文中，據二字之字形結構，析分其異同，而以為〈史獸鼎〉、〈庚嬴鼎〉等十四件銅器中諸字，雖各有其寫法，但從結構分析，可肯定皆為「祼」字。其言曰：

　　　　（諸字）按結構排列，可分為三組。甲組僅加手而有單手雙手之
　　　　異，乙組皆加人旁或女旁表跪奉形，丙組皆加示旁表示祭祀。除
　　　　去形旁，這些字皆從酒器之象，大多數上有流口，甚至用短劃表
　　　　示酒液從流口流出，其無流口的，上口多作「西」字形，下幾乎
　　　　皆有器座。從結構分析，可以論定全為一字異寫，而和「福」字

所從酒器上皆封蓋，下無器座者不一樣〔註6〕。

黃氏既釋此諸字皆為「裸」，乃據其銘例，別其用法。其說約可歸為三類。一曰裸祭之裸，二曰裸飲賓客之裸，三曰賞賜裸器。按黃文後出，其論析諸器字亦最為詳盡。其以諸字為一字之異構，在郭、唐二氏之說中，已略見其端倪。而別「裸」、「福」二字之構體，以為此十四器諸銘字，即文獻資料所見裸禮字，與古文字「福」字有別，則又異乎眾說，非無卓見也。惟據諸家之說，不論其字釋「裸」釋「福」，蓋皆指所謂「灌祭」，則無或殊異。夫文字之作，邈哉邈矣。百年以來，學者殫精竭慮，孜孜於殷契周彝之考釋者多矣，而所說未必皆為定論，是故以上所列諸字，是裸是福，以其無關宏旨，姑以俟高明。至於上列諸銘字，除所舉諸家之解說外，前輩學者之論尚多，以其無關於本題，故亦略而弗錄。《金文詁林附錄》所收，可為參考。

按諸家釋上列彝銘諸字為裸或為福，而以為即所謂灌祭者，其可疑者有以下數事：

按圭瓚之形制，《周禮·典瑞》注云：「《漢禮》，瓚槃大五升，口徑八寸，下有槃，口徑一尺。」鄭注蓋取叔孫通所為《漢禮器制度》文以說之。又注〈玉人〉則謂「三璋之勺，形如圭瓚」，然漢禮器瓚制與〈玉人〉所述三璋之勺，二者所容大小及其形制皆有差殊，是鄭說瓚器形制，恐亦未必可據信。驗以出土實物，漢儒所謂「瓚形如槃，以大圭為柄」，「有流前注」，如此形制之圭瓚則未見。一九七六年，陝西扶風雲塘發現西周窖藏一處，出土兩件白公父器。兩器銘文連讀，器自名曰金爵。因其形似勺，故或名之曰白公父勺。又一九九〇年江西新淦大洋洲商代大墓出土一件圭形銅柄器，發掘簡報題之曰瓚，日人林已奈夫之《殷周時代青銅器の研究》一書，將此二種器形器別為一器類，名之曰瓚，謂即禮書所載用以裸鬯之瓚器。就現有出土實物與文獻資料相互比勘，頗為吻合（說詳「裸禮相關禮器」章）。是郭說〈庚嬴鼎〉「𤔲」、〈史獸鼎〉「𤔲」、〈萬諆尊〉「𤔲」為古「瓚」字，謂字上端有流，流下示有重盤，一側視，一平視，平視之下盤復有柄，即象瓚形」，其說殆不足以據。此其一也。

夫考諸典籍，裸器有盛鬯之器，有灌鬯之器，盛鬯之器見於《周禮·司尊彝》有六，曰雞彝、曰鳥彝、曰斝彝、曰黃彝、曰虎彝、曰蜼彝，且其下

〔註6〕見〈穆世標準器——鮮盤的發現及其相關問題〉，《徐中舒先生九十壽辰紀念文集》，頁四四、四五。

皆有舟以承之。灌鬯之器，則所謂圭瓚是也。依黃氏說，則「祼」所從酒器，殆為盛器，而非灌器甚明。且據前儒之論，瓚雖為勺制，而行祼時則以當爵，其挹之仍用蒲勺（說詳「祼禮相關禮器」章），不用瓚也。是祼字從有流之酒器構形，以示酒從流口處流出，蓋無以取證。羅振玉謂卜辭「福」，字從兩手奉尊於示前，或省廾，或並省示。在商則為祭名，福象奉尊，故字從酉，非從畐聲。但不逕以為即文獻所見之祼禮。雖然祭祀之禮，殷因於夏，周因於殷，世代相繼，因革相仍。文獻所載，未必上合殷商，然若謂典籍降神之祼，即為古文字所見宜當作祭名用之「𥚃」、「𥚃」、「𥚃」、「𥚃」、「𥚃」、「𥚃」、「𥚃」諸字，強合二禮而一之，蓋亦有未當也。《商周青銅器銘文選》釋〈何尊〉「𥚃自天」之「𥚃」為「福」，謂是祭名，但不以為即禮書所謂之祼禮，豈無所見而然。此其二也。

　　《禮記‧王制》云：「諸侯賜弓矢然後征，賜鈇鉞然後殺，賜圭瓚然後為鬯，未賜圭瓚，則資鬯於天子。」鄭注云：「得其器，乃敢為其事。」且祼鬯之禮，典籍所見，止天子及五等諸侯而已，卿大夫以下，則不用鬯焉。雖祭祀祖先之禮，通乎上下，而為天下之通義。天子、諸侯廟享既有降神之祼，則卿大夫以下，蓋亦宜有其事。如有所異，則所用禮器及其行禮儀節，有隆殺繁簡之不同耳。考《儀禮‧士虞禮》未迎尸陰厭時，有祭酒於苴之節，孫詒讓《周禮正義》以為相當於王祭禮，尸未入以前，先以鬱鬯以降神（見〈大宗伯〉鄭注「灌以鬱鬯，謂始獻尸求神時也」疏）。依此以推，則卿大夫求神之儀也，或祭酒於苴而已。而據《周禮》，所謂祼器則指六彝及舟與瓚言，彝以盛鬯，舟以承彝，瓚以灌鬯。此則非卿大夫所該有者也。黃氏於文中，引《周禮‧典瑞》「凡玉器出，則共奉之」，鄭注「玉器出，謂王所好賜也」之說，以證明祼器可用於賞賜臣工，與賓客之助祭，或參加祭禮者，而不論其身分階級，此與文獻資料所載未合。且鄭玄此注，前儒即已疑之。（宋）黃度曰：「出對藏而言，用則出而奉之，用畢則又受而藏之。」又曰：「玉器出，注謂王所好賜，非也。好賜出自玉府、內府，典瑞不與。」（見《欽定周官義疏》卷二〇頁四八引）按黃說確然有據，鄭注蓋有未安也。此其三也。

　　據文獻資料所見，祼禮實為某一禮典組成中，其行禮儀節之某一節次而已，非可以獨立行使者也。上列諸銅器，據諸家之斷代，約在西周初期至西周晚期之間，而灌地降神之說，雖遲至《禮記‧郊特牲》始見記錄，然《書‧洛誥》已有「王賓，殺、禋，咸格，王入大室祼」之言。諸家釋諸器銘字，

或謂即祭名之祼（或福），此說若然，蓋亦似為一獨立之禮典，而與典籍所見祼禮，未必全然相同。此其四也。

《說文》訓「灌祭」之「祼」，《書・洛誥》、《詩・大雅・文王》皆如此作。《周禮・小宰》、〈大宗伯〉、〈小宗伯〉、〈肆師〉、〈鬱人〉、〈鬯人〉、〈司尊彝〉、〈典瑞〉、〈大行人〉、〈考工記・玉人〉，皆祼果雜出。鄭玄於〈大行人〉注云：「故書祼作果」，於〈玉人〉注云：「祼或作果，或作淉」。甲骨金文未見有從示之祼，以示部諸字言之，知古祼禮字，蓋借用「木實」之果。《周禮》故書之果，即其最初之假借字，而祼乃其孳乳之形聲字也。《易・觀卦》則借盥字為之，惟《論語》、《禮記》始有灌字。故據其字之先後言之，則果字最古，祼字次之。謂福即祼祭，考諸古音，福在段氏第一部，祼在第十七部，兩部乖隔遼遠，窒閡難通。謂「⿰衤⿱宀⿱口口」、「⿱⿰彑彑又」、「⿰⿱⿰彑彑又攴」、「⿰亻⿱宀⿱口口」、「⿰示⿱宀⿱口口」諸字皆祼字，其音讀則無有佐證。是釋彝銘諸字為祼或為福，實無確證可據。焉知其非別一字，而假借為某字歟？若〈毛公鼎〉「⿰⿱⿰彑彑又攴圭」字，徐同柏《從古堂款識學》釋瑒（見《金文詁林附錄》冊四頁二〇八九引），吳式芬《攈古錄金文》釋獻，吳大澂《愙齋集古錄》、劉心源《奇觚室吉金文述》、丁佛言《說文古籀補補》並釋為訓「升高」之「曡」，李孝定謂「以字形言，釋曡者是，張之綱讀為曡圭，亦是。〈鄂侯鼎〉『王乃曡之』，疑當讀為『獻之』，曡獻古音同部。郭氏據王國維說遽釋為祼，似覺未安。」（見《金文詁林附錄》冊四，頁二〇九三）按李氏並不以郭說為然。且王國維以古秬鬯圭瓚二者相將，乃疑〈毛公鼎〉「⿰⿱⿰彑彑又攴圭」即「圭瓚」，然亦未直指「⿰⿱⿰彑彑又攴」即「祼」之本字也〔註7〕。蓋就「⿰⿱⿰彑彑又攴」字之結體言之，謂其字即為祼祭本字，則形義不協，無以見初造字之精恉。此其五也。

綜此五事，而謂⿰⿱⿰彑彑又攴即祼之說，似是持據確鑿，而實不能無疑。福於殷周古文所見，或為祭之一種，其說殆其是矣。然若以之即為文獻所見降神之祼，則恐有未盡然者也。

## 二、酳即祼說為可信

殷周古文中，關乎祼禮者，約有上述四說。于省吾謂「⿰⿱⿰彑彑又攴（帥）讀作酳」，以卜辭㠯字為祭名，即指灌酒于地以降神言之。其說無證據可憑，不足採信。

〔註7〕說見《觀堂古今文考釋・毛公鼎銘考釋》，《海寧王靜安先生遺書》第五冊，頁一九九一。

其次，以「▨」、「▨」「▨」為「福」，或以「▨」、「▨」、「▨」、「▨」「▨」為裸，謂即灌酒於地以降神之祭，說亦未見有確鑿之證據，當以存疑為是。證之典籍，惟崔讀為灌，以及▨（茜）即裸說，似較可信，而尤以後說益為有據也。

　　按《說文》酉部茜下云：

　　　禮祭，束茅加于裸圭，而灌鬯酒，是為茜，象神歆之也。从酉从艸。

　　　《春秋傳》曰：「爾貢包茅不入，王祭不供，無以茜酒。」

今《左傳》僖公四年作「無以縮酒。」縮者，杜預注云：「束茅而灌之以酒為縮酒。」孔疏云：「《周禮·甸師》『祭祀，共蕭茅』，鄭興曰：『蕭字或為茜，茜讀為縮。束茅立之，祭前，沃酒其上，酒滲下去，若神飲之，故謂之縮。縮，浚也。故齊桓公責楚不貢苞茅，王祭不共，無以縮酒。」杜用彼鄭興之說也。」許引作茜，訓曰「禮祭，束茅加于裸圭，而灌鬯酒，是為茜，象神歆之也」者，蓋亦本鄭大夫，惟許言「加于裸圭」，且鄭不言是裸儀為異耳。按茜從酉從艸，段玉裁云：「以酒灌艸，會意」，是矣。酉者酒也，艸者茅也。蓋祭以茅為茜酒之用，故許氏本禮說作訓義，而引《左傳》貢茅以為證。考縮酌用茅，見《禮記·郊特牲》，鄭玄彼注云：「沛之，以茅縮去滓也」。又《周禮·司尊彝》「縮酌」、《詩·伐木》毛傳所言茜酒，皆去滓法，則與《說文》、〈甸師〉、《左傳》所說灌酒茅上，象神歆之，義微不同。是故李淳於《群經識小》卷五「縮酒」條下云：

　　　案鄭云：「茅以共祭之苴，亦以縮酒，苴以藉祭。縮酒，沛酒也。醴
　　　齊縮酌。」如後鄭說，則茅有兩用，縮酒亦必兼二義乃備。一取其
　　　歆，一取其潔。〈郊特牲〉曰：「縮酌用茅」，則沛酒之用尤大，杜專
　　　用鄭大夫說，遺卻沛酒一層，於義未備。（《皇清經解》卷七二三頁
　　　六。第十二冊，總頁八四四一）

按祭以茅茜酒，與醴齊以茅去滓，蓋為二事，不容牽合。一則用茅濾以去其滓，一則當廟祭降神之時，束茅立之，以裸圭酌鬱鬯，自上澆灌而下，酒汁漸漸滲透下流，使香氣通達於地下，庶神明聞之，而來格來享也。李氏謂縮酒亦必兼二義乃備，其說甚允。

　　據文獻資料所見，裸為祭禮之一種，故《說文》以「灌祭」訓裸，茜為裸儀，所以施行灌鬯之儀式也。卜辭所見「▨」、「▨」字，正象手奉束于酉（即酒）旁，王國維謂即茜之初字，其說非妄。此據出土實物資料，與傳

世文獻資料，相互印證，而知姬周裸禮乃因襲殷商，蓋確然可信者也。其猶有尚待稽考者，則典籍所見裸禮，皆為某種禮典組成之節次之一，未有單獨行之者。若夫卜辭所記之「酋」，是一獨立行使之祭禮，亦或如姬周宗廟祭祀，正祭前之裸鬯降神儀式，以卜辭簡約，難稽其詳。此者或有待於新資料之發現。

# 第三章　祼禮探義

## 第一節　祖先祭祀與靈魂不滅之觀念有關

　　夫祖先祭祀之禮，遐哉邈矣。《史記五帝本紀》謂黃帝時「鬼神山川封禪與為多焉」，顓頊「依鬼神以制義，絜誠以祭祀」，高辛氏「歷日月而迎送之，明鬼神而敬事之」，此則上古之傳說，史遷或容有所本，要亦未盡可信。雖然其源難詳，而所以制作此禮之意，或尚猶可得窺見。蓋古者資於事生以事死，資於事人以事神，是故饗人為饗，享鬼神亦為饗，此聖人制禮，本乎人情者是也。惟此種「事死如事生」之觀念，蓋與「不忍死其親」，以及「靈魂不滅」之認識有關，而尤以後者為甚。據社會學者斯賓塞等之研究，靈魂觀念之萌生，蓋源於初民對客觀現象與主觀現象之考察，亦即眩惑於自然萬物之變化，與人類自身夢寐、迷亂、死亡等現象之變化（詳見林惠祥《文化人類學・原始宗教・鬼魂崇拜及祖先崇拜》。而緣於人類之夢境，更為一般學者所稱述。蓋時當草昧，人智未開，夢寐之際，不獨能見生人，且可目睹已故親人之活動現象。因是相信形體與靈魂，實為二物，而有凡人皆有另一身體（複身）之觀念。以為夢中活動者，即為複身在別地活動也。複身者，即所謂靈魂也。而鬼魂實為人類死後靈魂之別稱。人生則魂附於形，既死則其魂猶存。是故夢寐之際，乃能見之。夫念舊報本，雖人之常情，而畏禍冀福，蓋亦有生之特性。初民既信靈魂存在矣，而已故先人之靈魂，對生人且能起禍福作用，是故或期冀先人暗中保佑，或恐懼先人隱降災禍，於是本懷

思之情，發為祈禳之念，則禮敬鬼魂之意以生，而崇祀先人之祭典起矣。此由殷人之崇拜祖先，每事問卜，卜辭中每見祖先受又（祐）、若王、左（佐）王，或降禍、降凶、孽王、祟王、祟我、蚩王、蚩我、蚩禾、蚩雨等記載，而得徵驗也。夫靈魂不滅之觀念，主要乃表現於人類之葬俗上，而考古資料中反映葬俗之內容最為豐富。蓋靈魂不滅之觀念確立後，宇宙化而為兩世界，而為人鬼所共有，鬼是人之靈魂，鬼之生活即為人生活之延續，故為鬼所安排之隨葬物，均按生人之衣食住行娛樂等項目預備，俾供其在鬼域中進行活動。郭寶鈞於《中國青銅器時代》一書中，言之詳矣。明乎此，則資於事人以事神，備饋食以享祭祖先，其理亦較然可知。

## 第二節　宗廟祭祀必先降神

　　古人於宗廟祭祀，必先降神，蓋神既來格，而後可享也。此已見前說，不復贅述。而祭祀求神，則又與魂魄鬼神之觀念有關。因徵典冊經說，以及殷契周彝，詳加論述，以見古人宗廟祭祀，裸禮所以降神之義。

### 一、文獻資料所見魂魄與鬼神之觀念

#### （一）魂魄一詞初見左傳

　　古人對於魂魄之觀念，稽諸文獻資料，當以《左傳》昭公七年所載鄭子產適晉，答趙景子之問為最早。《左傳》云：

> 及子產適晉，趙景子問焉，曰：「伯有猶能為鬼乎？」子產曰：「能。人生始化曰魄，既生魄，陽曰魂。用物精多，則魂魄強。是以有精爽，至於神明。匹夫匹婦強死，其魂魄猶能憑依於人，以為淫厲。」

孔疏云：

> 人稟五常以生，感陰陽以靈。有身體之質，名之曰形。有噓吸之動，謂之為氣。形氣合而為用，知力以此而彊，故得成為人也。此將說淫厲，故遠本其初。人之生也，始變化為形，形之靈者，名之曰魄也。既生魄矣，魄內自有陽氣。氣之神者，名之曰魂也。魂魄，神靈之名，本從形氣而有。形氣既殊，魂魄亦異。附形之靈為魄，附氣之神為魂也。附形之靈者，謂初生之時，耳目心識，手足運動，啼呼為聲，此則魄之靈也。附氣之神者，謂精神性識，漸有所知，

此則附氣之神也。是魄在於前，而魂在於後，故曰既生魄，陽曰魂。

魂魄雖俱是性靈，但魄識少而魂識多。

魄即指人之體魄而言。人之生也，先有肉體，而後始有精氣。此精氣則具有種種聰明智慧與作用。錢穆於〈中國思想史中之鬼神觀〉一文中，亦嘗申此說云：

中國春秋時人看人生，已只認為僅是一個身體，稱之曰形。待其有了此形，而纔始有種種動作，或運動，此在後人則稱之曰氣。人生僅只是此形氣，而所謂神靈，則指其有此形氣後之種種性能與作為，故必附此形氣而見，亦必後此形氣而有。並不是外此形氣，先於此形氣，而另有一種神靈或靈魂之存在。（見《靈魂與心》頁六三）。

是人生時，有魄有魂。魂魄者，神靈之名，本從形氣而有，亦即必附此形氣而見。

### （二）魄附於形魂附於氣

《禮記・郊特牲》云：

魂氣歸於天，形魄歸於地。

《孝經說》云：

魄，白也。魂，芸也。白，明白也。芸，芸動也。形有體質，取明白為名；氣唯噓吸，取芸動為義。（見《左傳》昭公七年孔疏引）

是皆言魄附於形，而魂附於氣也。故孔穎達曰「附形之靈為魄，附氣之神為魂」。蓋以魂本附於氣，氣必上升，故云魂氣歸於天。魄本附形，形骸必歸復於土，故云形魄歸於地。

《禮記・檀弓》載吳季札論魂魄之言曰：

骨肉歸復於土，命也。若魂氣則無不之也。

〈禮運〉篇論人之死亦云：

體魄則降，知氣在上。

季札云「骨肉歸復於土」者，即〈禮運〉所謂「體魄則降」，亦即〈郊特牲〉之「形魄歸於地」。季札云「魂氣無不之」者，即〈禮運〉所謂「知氣在上」，知氣者魂氣也，亦即〈郊特牲〉之「魂氣歸於天」。魂氣無不之，即指其人生前之魂而言。此說人之既死，魂魄離散，體魄入土，而魂氣則遊於地上而無所不適也。魂氣離體飄游在上，於是而有皋號，於是而有招魂。故〈禮運〉

云「及其死也,升屋而號,告曰皋某復」,此即望天呼號死者名諱而招其魂,蓋猶冀其復生也。《儀禮・士喪禮》「復者」,鄭注云:「有司招魂復魄也」,即謂此。

### (三)鬼神為魂魄之異稱

據典籍所見,所謂鬼神,其義實與魂魄相通。《禮記・祭義》曰:

> 氣也者,神之盛也;魄也者,鬼之盛也。合鬼與神,教之至也。眾生必死,死必歸土,此謂之鬼。骨肉斃于下,陰為野土。其氣發揚於上,為昭明焄蒿悽愴,此百物之精,神之著也。因物之精,制為之極,明命鬼神,以為黔首則。百眾以畏,萬民以服。

是知骨肉之掩於下者,魄之降而為鬼也,氣之發揚於上者,魂之升而為神也。蓋聖人因人物之精靈,制為尊極之稱,謂之鬼神,以為百姓之法則,而天下皆畏敬之也。故孔穎達曰:

> 《爾雅・釋訓》云「鬼之為言歸也」,《易・繫辭》曰「陰陽不測之謂神」,以骨肉必歸于土,故以歸言之,魂氣無所不通,故以不測名之,其實鬼神之本,則魂魄是也。(見《左傳》昭公七年疏,頁七六四)

又曰:

> 人之生也,魄盛魂強,及其死也,形消氣滅。〈郊特牲〉曰「魂氣歸於天,形魄歸於地」,以魂本附氣,氣必上浮,故言魂氣歸於天,魄本歸形,形既入土,故言形魄歸於地。聖王緣生事死,制其祭祀,存亡既異,別為作名。改生之魂曰神,改生之魄曰鬼。〈祭義〉曰:「氣也者,神之盛也;魄也者,鬼之盛也。合鬼與神,教之至也。死必歸土,此謂之鬼,其氣發揚於上,神之著也。是故魂魄之名為鬼神也。(同上)

是所謂鬼神也者,實即人之魂魄。《禮記・祭義》云:「君子生則敬養,死則敬享」,又云:「文王之祭也,事死者如事生」,可知死後之祭享,與生前之奉養,蓋本相因。是故聖王緣生事死,制為祭祀。以其存亡既異,故不復稱之為魂魄,而改魂曰神,改魄曰鬼。然則人死後有神有鬼,蓋猶生前之有魂魄也。此所以祭祀必聚合鬼神,似若生人而祭之也。〈祭義〉云「合鬼與神,教之至也」者,蓋以此。

### （四）魂氣歸於天形魄歸於地

檢諸殷虛卜辭，習見先王「賓于帝」之文，陳夢家謂即先公先王上賓於上帝〔註1〕，余英時據此，以為先公先王死後，其靈魂上天，而為上帝之輔佐〔註2〕。張秉權謂帝為祭祀之對象，辭云「大甲賓于帝」者，即大甲為帝之賓而受祭〔註3〕。按上賓於帝，為帝之賓而受祭，此即周人配天、配享之說也。《孝經‧聖治章》云：「孝莫大於嚴父，嚴父莫大於配天，則周公其人也。昔者周公郊祀后稷以配天，宗祀文王於明堂以配上帝。」郭沫若曰：「案嚴儼古字通。《釋名‧釋言語》『嚴，儼也，儼然人憚之也。』靈魂不滅，儼然如在，故謂之嚴。嚴父者神其父也。又統觀彝銘諸例，神其祖若父以配天帝之事，即人臣亦可為。蓋謂人死而魂歸於天堂也。」（《金文叢考》頁四）郭說是矣。

若夫西周彝銘，曰「嚴在上」、曰「其嚴在上」、曰「其嚴在帝左右」、曰「監在上」，其例習見。上者，上帝之所在，亦謂之帝所，見〈叔夷編鐘〉、〈叔弓鎛〉。

〈叔向父禹毁〉：「其嚴在上。」（《金文總集》二七六三）

〈天亡毁〉：「文王監在上。」（《金文總集》二七七七）〔註4〕

〈番生毁〉：「不顯皇祖考，穆穆克誓厥德，嚴在上。」（《金文總集》二八四〇）

〈井人妄鐘〉：「前文人其嚴在上。」（《金文總集》七〇四七）

〈士父鐘〉：「用喜侃皇考，其嚴在上。」（《金文總集》七〇八八）

〈虢叔旅鐘〉：「皇考嚴在上。」（《金文總集》七一五〇）

〈癲鐘〉：「嚴在上。」（《金文總集》七一五九）

〈㝬鐘〉：「先王其嚴在上。」（《金文總集》七一七六）

〈猶鐘〉：「先王其嚴在帝左右。」（《金文總集》六九八九）

〈馭狄鐘〉：「先王其嚴在帝左右。」（《金文總集》七〇〇六）

〔註1〕參見《殷虛卜辭綜述》，頁五七三。
〔註2〕參見《中國古代死後世界觀的演變》，聯合月刊，第二六期，頁八三。
〔註3〕參見《甲骨文與甲骨學》，頁三七四。
〔註4〕按「王」下一字，說者不同。或釋監，或釋見，或釋德。茲據《兩周金文辭大系考釋》釋作監。

稽之詩書，先公先王去世後，其靈魂歸於上天，例亦習見。

> 《詩‧大雅‧文王》：「文王在上，於昭于天。」

> 又云：「文王陟降，在帝左右。」

> 《詩‧大雅‧下武》：「三后在天，王配于京。」

> 《書‧微子》：「我祖底遂陳于上。」

> 《書‧召誥》：「茲殷多先哲王在天。」

至於死後地下世界之觀念，據文獻資料所載，乃首見於《左傳》。隱公元年載鄭莊公之言曰：「不及黃泉，無相見也」。此語謂人死至黃泉也。死入黃泉，或緣華夏以土葬為俗，故云然。蓋人死藏之地下，地下即其棲止之所。此由考古資料所見，有意識埋葬死者之葬俗上，可得徵驗。蓋以人死為鬼，鬼者死者之魄也。鬼之生活為生人生活之延續，是故為鬼所安排之隨葬物，皆依生人之衣食住行娛樂戰爭等項目預備，以供其在鬼域中之所需。郭寶鈞《中國青銅器時代》已有詳述。是據葬俗，蓋可推知鄭莊公口中之「黃泉」，其涵義與漢代以來所謂之「黃泉」觀念，並無不同。而與《楚辭‧招魂》「魂兮歸來，君無下此幽都些」之「幽都」，義亦不殊。王逸注云：「幽都，地下后土所治也。地下幽冥，故稱幽都」，是也。是魂魄離散，形魄歸土而為鬼，其見於文獻者，不能晚於春秋之初。

## 二、廟饗之裸所以求神

夫人之生也，魂魄二者和合，亦即神與形體和合也。及其死也，魂魄離散各別，魂升而為神，魄降而為鬼。此已見前述矣。聖人以生存之時，神形和合，故其設教，則設法將此魂魄，即神與鬼，藉由禮儀之施設，求其重新聚合，彷彿生人而祭之。故《禮記‧祭義》引孔子之言曰：「氣也者，神之盛也；魄也者，鬼之盛也。合鬼與神，教之至也。」而宗廟祭祀，必求之於上，求之於下者，即以此。

《禮記‧郊特牲》云：「魂氣歸于天，形魄歸于地。故祭求諸陰陽之義也。殷人先求諸陽，周人先求諸陰。」用鬱鬯之酒灌地，所以求神於陰，取膟膋和蕭焫之，所以求神於陽，此皆在正祭之前。蓋以必先求神，神既來格，而後可享也。是故〈郊特牲〉又云：

> 有虞氏之祭也，尚用氣。血腥爓祭，用氣也。殷人尚聲。臭味未成，

滌蕩其聲。樂三闋，然後出迎牲。聲音之號，所以詔告於天地之間
也。周人尚臭，灌用鬯臭。鬱合鬯，臭陰達於淵泉。既灌，然後迎
牲，致陰氣也。蕭合黍稷，臭陽達於牆屋。故既奠，然後焫蕭合羶
薌。凡祭，慎諸此。

廟祭之禮，代有異尚，而誠敬則同。殷人尚聲者，先作樂以求諸陽，然後迎
牲。周禮變於殷，故先求諸陰。所謂尚臭者，臭謂鬯氣，言先酌鬯酒灌地以
降神，既灌然後迎牲。蓋人之死也，魂氣歸於天，形魄歸於地，以其歸於地
也，故不可不求諸陰，以其歸於天也，故不可不求諸陽。質言之，殷人宗廟
祭祀，降神先用聲樂，而求魂氣於陽，周人先酌鬱鬯灌地，使香氣通達於淵
泉，以求形魄於陰。文獻資料所見如此。周人先求諸陰，以是為廟祭之首事。
〈郊特牲〉云「臭陰達於淵泉」者，即謂灌也。《白虎通・考黜篇》云：「秬
者，黑黍，一稃二米。鬯者，以百艸之香鬱金合而釀之，成為鬯。陽達於牆
屋，入于淵泉，所以灌地降神也。」說即本此。

按周禮之法，先求諸陰，故祭莫重於灌。馬融曰：

盥（灌）者，進爵灌地，以降神也，此是祭祀盛時。及神降薦牲，
其禮簡略，不足觀也。國之大事，唯祀與戎。王道可觀，在於祭祀。
祭祀之盛，莫過初盥降神，故孔子曰：「禘自既灌而往者，吾不欲觀
之矣。」（見李鼎祚《周易集解》卷五頁四〈觀卦〉「觀盥而不薦」
下引）

薛平仲亦曰：

禮莫重於祭，祭莫重於灌。灌之為義，先王所以致精神之交，敬淵
泉而貫冥漠也。周人先求諸陰，故既灌而後迎牲。夫子曰：「禘自既
灌而往者，吾不欲觀之矣」，精誠所交，唯灌為至。（見王與之《周
禮訂義》卷三三頁一七引）

馬說「祭祀之盛，莫過初盥降神」，薛說「精誠所交，唯灌為至」，蓋皆得其
真義。

## 三、古無灌地降神辨

張載曰：

奠酒，奠，安置也，若言奠摯、奠枕是也。注之於地非也。（見朱子
《家禮・附錄》頁二二引）

王夫之據其說，以為灌地降神，乃後世行禮者用末俗設誓酹酒之陋習。古宗廟祭祀，無用鬱鬯灌地以求神之事。其於《詩經稗疏》卷三「裸將」條下曰：

> 毛傳曰「裸，灌鬯」，但言灌鬯，初未云灌之于地。自《白虎通》始有灌地降神之說。〈郊特牲〉曰「既灌然後迎牲，致陰氣也。蕭合黍稷，臭陽達于牆屋，故既奠然後焫蕭合羶薌」，曰既灌，又曰既奠，奠即灌也，皆用鬱鬯之謂也。奠之為言置也，〈昏禮〉「婦執笲棗栗，奠于席」，〈特牲饋食禮〉「祝洗酌奠，奠于鉶南」，許慎曰「奠，置祭也」，以酒置於下基，蓋古禮不以親授為敬，故臣執贄于君，壻將雁于舅，皆謂之奠。奠用鬱鬯，則謂之灌。後世不知灌義，因不知奠義，然則新婦之棗栗亦傾之於地？岸然植立，取酒澆潑糞壤，等于呼蹴，既仁人孝子所不忍為，且飲以養陽，澆之以土，則失其類。況云降者，自上而下之辭，若沃灌于地，則求之地中，升而非降矣。原夫傾酒委地，所謂酹也，起于爭戰之世要鬼設誓，倨侮忿戾者之所為。流俗不察，用以事其祖考神祇，不知何一陋儒循為曲禮，而誣引古禮以循其鄙媟。試思此澆潑之頃，反之於心，於女安乎？張子曰「奠，安置也，若言奠贄、奠枕是也，注之于地非也。」其說韙已。《家禮》既辨其非傾于地，而復有束茅降神之禮，則抑徇俗而不正。……鄭氏又曰：「凡鬱鬯受祭之，啐之，奠之。」始獻啐而不飲，別於後獻之卒爵，皆以明裸之為始獻尸也。……以觶曰奠，以瓚曰裸，用醴齊曰朝踐，用盎齊曰醴，而用鬱鬯則曰灌，灌酒酌也，非灌園、灌注之謂也。《白虎通》誤之於前，杜預《左傳解》復因鄭司農錯訓茜酒以為菁茅藉茜鬱鬯（按據《周禮・甸師》注引，鄭司農當為鄭大夫興之誤），遂謂束茅而灌以酒，承訛於後，使後世行禮者用末俗設誓酹酒之陋習，行諸淫祀，施及郊廟，為忍心悖理之大惑，波流而不知革。

又於《論語稗疏》「灌」條下曰：

> 灌非虛置之筵上，乃置之尸前也。既獻之尸，則尸舉之，尸祭之。奚有別之神，而又何代為之祭耶？唯不知裸為酌鬯初獻之名，而灌乃裸字之假借，初非灌園之灌。

王云「奠用鬱鬯，謂之裸」、「灌非虛置之筵上，乃置之尸前」，非灌地降神之謂也。灌地降神之說，乃出諸《白虎通》。《四庫提要》是其說，且稱之曰：

「祼將之訓為灌，與奠一義，而歷詆《白虎通》灌地降神之謬，確有依據，不為臆斷。」（〈詩經稗疏提要〉）郭嵩燾《禮記質疑》據其說，以為灌之為訓，乃飲之異名，非傾沃之於地之謂。而於〈郊特牲〉「周人尚臭，灌用鬯臭，鬱合鬯，臭陰達於淵泉。灌以珪璋，用玉氣也。既灌然後迎牲，致陰氣也」一節下曰：

> 鄭注「灌，以圭瓚酌鬯始獻神也」，孔疏「酌鬯酒灌地以求神」，嵩燾案：〈祭統〉「君執圭瓚祼尸，大宗執璋瓚亞祼」，鄭注《周禮·大宗伯》：「祼之言灌，灌以鬱鬯謂始獻尸求神時也」，《詩·文王》傳：「祼，灌鬯也」，《周禮·鬱人》「掌祭祀賓客之祼事」，〈典瑞〉「祼圭有瓚，以肆先王，以祼賓客」，鄭注：「爵行曰祼」，〈大行人〉「上公之禮，再祼而酢，侯伯一祼而酢，子男一祼不酢」，是凡鬱鬯用瓚，施之祭祀、賓客，通謂之祼。〈鬱人〉「和鬱鬯實彝而陳之」，〈明堂位〉謂之「灌尊」，亦謂之「鬱尊」。始獻酌之瓚以祼尸，〈祭統〉所謂「獻之屬莫重於祼」是也。鄭注〈小宰〉「凡祭祀贊王祼將之事」云：「祼之言灌也，明不為飲。凡鬱鬯受祭之，啐之，奠之」，據〈特牲禮〉，凡獻，尸皆祭、啐而後奠觶，奠，置也。祭者尸祭神，啐者嘗而不飲，鄭以「明不為飲」訓灌之義，而徐氏鉉云：「瓚，亦圭其首為勺形，其柄為注水道，所以灌」，然則祼之言灌，因瓚以名之，而祼遂亦通為灌，其禮則始祭之正獻也。自《白虎通》創為灌地降神之說，孔疏遂據以為訓。王氏《詩稗疏》：「〈小宰〉『凡祭祀，贊祼將之事』，〈小宗伯〉『凡祭祀，以時將瓚祼』，〈鬱人〉『詔祼將之儀與其節』，是祼將之事，詔其儀節者鬱人，酌之於彝以授王者小宗伯，王奉之而轉以授尸者小宰，尸受而祭之，啐之，不卒爵而奠之，并無灌地降神之說。〈郊特牲〉『諸侯為賓，灌用鬱鬯，灌用臭也』（原文郊特牲誤作禮器），豈諸侯賓客之前，亦傾酒於地以求其降乎？《國語》『及期，鬱人薦鬯，犧人薦醴，王祼鬯，饗醴乃行』，韋昭注：『灌鬯、飲醴，皆所以自香潔』，〈投壺〉曰：『當飲者皆跪奉觴曰賜灌』，注：『灌猶飲也』。然則灌之為訓，乃飲之異名，豈必傾沃之於地乎？」王氏此辨至允（按《皇清經解續編》所收《詩經稗疏》，不見有此段文字，郭引不知何據。）鄭注明言獻神，疏乃援灌地求神為說，

朱子《論語集注》因之，此禮遵行至今，而鄭氏之義隱矣。（卷一一頁七一九至七二二）

又云：

案《周官‧甸師》「祭祀供蕭茅」，鄭司農云：「束茅立之祭前，沃酒其上，酒滲下去，若神飲，故謂之縮。」其說亦與《白虎通》相近，而與此經「縮酌用茅」之說義，顯相刺謬，詳疏義。灌地降神亦因經文有「臭陰達於淵泉」一語附會及之，而經義先以裸者取鬱鬯合而水性沈下，故謂之臭陰。陰者凝而下聚也，故曰致陰氣，非必灌之地而後達於淵泉也。（頁七二二）

王、郭二氏並以為灌地降神之說，乃肇始於《白虎通》（見考黜篇），後儒承其誤，而施及宗廟。其所以有此說法，蓋併獻尸與灌地求神為一事故也。近人王國維亦以為灌地之說，始見於後人言禮意之〈郊特牲〉，其說固不可執以定上古之事實。其於〈再與林浩卿博士論洛誥書〉曰：

灌地之意，始見於〈郊特牲〉，鄭玄注禮始以灌地為說。竊謂〈郊特牲〉一篇，乃後人言禮意之書，其求陰求陽之說，雖廣大精微，固不可執是以定上古之事實。毛公、許、鄭之釋裸字，亦後人詁經之法，雖得其一端，未必即其本義。（《觀堂集林》卷一）

按王氏雖有是言，但亦不否定古人廟祭有求陽求陰之義，故其言曰：

今以禮意言之，則裸者古非專用於神，其用於神也，亦非專為降神之用……古求神之道亦多端矣，或以氣，或以聲，或以臭。其次雖有不同，而其用則無或異。周人先求諸陰（自注：「謂周中世以後」），故先灌。殷人先求諸陽，〈郊特牲〉以樂當之。然燔燎之事，亦求諸陽之一道。魂氣歸天，其說蓋古，殷周之間，其說尤盛。……觀殷虛卜辭所紀祀先王禮，大抵先賣，次卯，次薶沈。或先賣後沈，或先賣後卯。周禮之取膟膋燔燎與焫蕭合羶薌，亦商賣禮之具體而微者。其次雖異，其用則同。知禋祀之用以降神而不徒以歆神，則無惑乎其在裸之先矣。（《觀堂集林‧與林浩卿博士論洛誥書》）

王氏據卜辭所見，以為燔燎以求諸陽，其在裸以求神之先，說無可疑。然若以為灌地之意，始見於〈郊特牲〉，即疑灌以求陰，西周無之，則似嫌武斷。

按宗廟祭祀，所以必先求神之義，已略如前述。宋王昭禹《周禮詳解》云：

人之魂氣於其體魄相附則為生，相離則為死，故人之終也，魂氣則散而歸於天，乃有焫蕭以求諸陽，體魄則降而歸於地，乃有祼鬯以求諸陰。求諸陽也，故用天產而加之以臭；求諸陰也，故用地產而以臭鬱合鬯而已。禮曰「臭陽達於牆屋」、「臭陰達於淵泉」者，此之謂也。仁者之求其親，以求諸近為未足，復求諸遠；以求於下為未盡，於是復求乎上，故祭祀以祼為始。（卷一八頁一八）

易祓《周官總義》亦云：

祼者求神之始。天地不祼，而宗廟有祼，以人道事之也。人之始生也，神聚而有氣，氣聚而有形，及其死焉，氣化而有魂，形化而有魄，魄為陰，以降乎地，魂為陽，浮以歸乎天，而其神則無所不之，故必求諸陰陽焉。殷人先求諸陽，故尚聲，周人先求諸陰，故尚臭。祼用鬱鬯以求神之出，所謂臭陰達于淵泉。既祼然後迎牲，既奠然後焫蕭合羶薌，以求神之降，所謂臭陽達于牆屋，無非求諸陰陽之義，而祼寔為求神之始。（卷一二頁二一）

王、易說祼用鬱鬯以求神之義，昭然明白。此說蓋可代表漢儒以降，經師之說法。此種禮制，稽諸經傳，言有可徵。已見前說，茲不贅述。按宗廟祭祀之禮，殷因於夏，周因於殷，世代相繼，因革相仍。雖云夏殷之禮，文獻不足，究仍未易知也。但禮非創新發明，蓋由行之有漸，而後約定俗成，殆無疑義。是灌地降神之事，以今所見，其見著於文獻資料者，雖不能早於《禮記·郊特牲》，但據此而懷疑西周之世或其前，未嘗有此禮，是猶有待於斟酌商搉之處。至於王夫之「祼為奠而不灌地」之論，殆與祭祀求神之義不合。蓋如其說，則臭不達於淵泉，非禮意也。

# 第三節　外神不祼

《周禮·天官·小宰》：「凡祭祀，祼將之事。」

鄭注：

唯人道宗廟有祼，天地大神，至尊不祼，莫稱焉。

賈疏云：

云唯人道宗廟有祼，天地大神，至尊不祼者，據〈大宰〉祀五帝及大神示亦如之，皆不言祼。此文又祼將在玉幣爵之下，明宗廟有祼，天地無祼。且〈大宗伯〉祀天言禋，祭社言血享，大神不祼者，不

用降神，無妨用秬鬯。必若然，天地用八尊，直有五齊三酒，不言秬鬯尊者，以其〈羃人〉職天地八尊者，以與宗廟六彝相對為文，〈鬯人〉職秬鬯不入彝尊，則別有尊矣。不言者略耳。不裸者，覆載之德，其功尤盛，欲報之德，無可稱焉。故無裸，直加敬而已。

又云：

祭天地既言無裸，案〈大宗伯〉涖玉鬯，又案《禮記‧表記》云「親耕粢盛秬鬯以事上帝」，上帝得有秬鬯者，案〈春官‧鬯人〉職掌共秬鬯下，所陳社稷山川等外神，皆用秬鬯不用鬱，廟言灌，且亦天地無裸也。天地無人職，用鬯者唯有宗廟及裸賓客耳。」

又《周禮‧鬱人》「凡祭祀賓客之裸事，和鬱鬯以實彝而陳之」賈疏云：

天地不裸，山川及門社等止用鬯，無裸事。此所言祭祀，惟據宗廟耳。

　　按唯有人道宗廟有裸，天地大神不裸，自鄭氏注禮以降，大抵後儒悉據從其說，而無異辭。其或據《禮記‧表記》「秬鬯以事上帝」，以為祀天有裸者，蓋誤以秬鬯為裸酒也。至若山川四方諸外神，是否有裸事，此者涉乎《考工記‧玉人》錯簡，則又不可不辨。

《周禮‧考工記‧玉人》云：

圭璧五寸，以祀日月星辰。璧琮九寸，諸侯以享天子。穀圭七寸，天子以聘女。大璋、中璋九寸，邊璋七寸，射四寸，厚寸。黃金勺，青金外，朱中，鼻寸，衡四寸，有繅。天子以巡守，宗祝以前馬。大璋亦如之，諸侯以聘女。

鄭注云：

三璋之勺，形如圭瓚。天子巡守，有事山川，則用灌焉。於大山川，則用大璋，加文飾也。於中山川，用中璋，殺文飾也。於小山川，用邊璋，半文飾也。

按自鄭氏有「天子巡守，有事山川，則用灌焉」之言，後之說者，俱從其義，以為山川外神亦用灌。林昌彝《三禮通釋》云：

《周禮‧春官‧鬯人》「社壝用大罍，禜門用瓢齎，凡山川四方用蜃，凡裸事用概，凡疈事用散」，此數者，裸與不裸經無明文，然以〈考工記〉「天子以巡守，宗祝以前馬」之言推之，既用璋瓚，是知亦裸矣。

自注云：「按〈考工記〉注『天子巡守，有事山川，則用灌焉』，是明言用灌矣。山川一也，不必以巡守而異。又『宗祝以前馬』，注謂『祈沈』，祈沈即山川之祭也。山川用灌，其餘皆可知矣。」（卷一三二頁一二、一三）

孫詒讓《周禮正義》亦云：

〈玉人〉，大璋、中璋天子以巡守，注謂以事山川則用灌。是外神山川亦有灌，故鄭云「天地大神不祼」，明非大神或閒有祼，非禮之至者也。山川有灌，則亦用鬱鬯，賈說非是。（卷五〈小宰〉疏，第一冊頁一八三）

林、孫均據鄭說，而孫氏不特以山川有灌，且以賈公彥山川外十二神用秬鬯而不用鬱鬯為非。宋鄭鍔甚至謂「祭宗廟、社稷、山川四方，祼以求神以出之」（見王與之《周禮訂義・鬱人》「凡祭祀賓客之祼事，和鬱鬯以實彝而陳之」下引），明柯尚遷《周禮全經釋原》說同（見卷六〈鬱人〉）。所以然者，蓋皆原於〈玉人〉鄭注也。

按廟享之祼，其義乃所以灌地降神，此治禮者人人所首肯者也。蓋人之生也，魂魄二者和合（亦即神與形體和合），及其死也，魂魄離散各別，魂氣歸於天而為神，形魄歸於地而為鬼，以其歸於地也，故不可不求諸陰，以其歸於天也，故不可不求諸陽。此聖人設教，所以求魂與魄（亦即神與鬼）重新聚合，而彷彿生人以祭之之義也。故《禮記・祭義》引孔子之言曰：「氣也者，神之盛也；魄也者，鬼之盛也。合鬼與神，教之至也。」廟享之禮，必求之於上，求之於下者，即以此。是故《禮記・郊特牲》云：「鬱合鬯，臭陰達於淵泉。既灌，然後迎牲，致陰氣也。蕭合黍稷，臭陽達於牆屋。故既奠，然後焫蕭合羶薌。凡祭，慎諸此。」用鬱鬯之酒灌地，所以求神於陰，取膟膋和蕭焫之，所以求神於陽，此皆在正祭之前。蓋以必先求神，神既來格，而後可享，故〈郊特牲〉云「祭求諸陰陽之義也」，此已論述於前矣。故王昭禹《周禮詳解》云：「天地之神不祼，凡用祼者，惟宗廟而已。」（卷一八頁一四）既云「凡用祼者，惟宗廟而已」，則王氏以天地山川諸外神不祼，亦較然明白矣。

又按《周禮・玉人》記天子巡守所用大璋、中璋、邊璋之後，即承以「大璋亦如之，諸侯以聘女」二語，歷來注釋家，多謂此為「簡編錯亂，誤寘於此，文不相屬，難以強通」，而主張此文，應在「天子以聘女」之下。王與

之《周禮訂義》卷七六引陳祥道曰：

> 以文考之，（大璋亦如之，諸侯以聘女），當繼「天子以聘女」之後。
> 「亦如之」者，亦如穀圭之七寸。蓋聘女，天子以圭，諸侯以璋，
> 是為降殺之等。若以繼邊璋之後，則邊璋與黃金勺用以酌者，聘女
> 加於束帛，非酌事，禮安所用哉。

林希逸《考工記解》亦曰：

> 諸侯聘女用大璋，與三璋之大璋同名，簡編錯亂，誤實於此，文不
> 相屬，難以強通。或曰當繼之「天子以聘女」之下。（卷下頁七）

降及有清一朝，若江永之《周禮疑義舉要》、戴震之《考工記圖》、孫詒讓之
《周禮正義》，以及《欽定周官義疏》，並從陳說而不移。按「大璋亦如之，
諸侯以聘女」二句為錯簡，應在「天子以聘女」之下，諸家之說，殆其是矣。

又古玉器研究學者那志良先生，運用傳世以及出土玉器實物，並參證古
文獻資料，而撰成《古玉鑑裁》一書。以為「黃金勺，青金外，朱中，鼻寸，
衡四寸，有繅」此段文字，與上下文句不相連屬，亦當為錯簡誤置，乃謂璋
之為用，與裸事無涉。其言曰：

> 「璋邸射」不是一個器物的名稱，應當讀做作「璋，邸射」，它是講
> 大璋、中璋、邊璋的形制。「邸射」，是說璋的身有一條斜邊。在〈玉
> 人〉中，「璋，邸射，以祀山川，以致稍餼」這句話，應在「大璋、
> 中璋九寸，邊璋七寸，射四寸，厚寸」之下，然後接「天子以巡守」，
> 是在說明各種璋的尺寸之後，總說一句「璋的身有一條斜邊」，最後
> 說璋的用途，是「以祀山川，以致稍餼，天子以巡守。」〈玉人〉把
> 「璋，邸射」這段文字，移到最後，而闌入「黃金勺，青金外，朱
> 中，鼻寸，衡四寸，有繅」一段話，是講不通的。璋不會有勺，也
> 無所謂「外」與「中」，「鼻」與「衡」。（頁九一、九二）

又曰：

> 在〈典瑞〉中，因為大璋、中璋、邊璋用途是一樣的，所以總說一
> 句「璋，邸射，以祀山川，以造贈賓客」。（頁九二）

按古器物之出土，或代有所見。近數十年來，經科學考古發掘之玉器，可說
不計其數。那氏據目驗，以應證古書，其說蓋信而有徵，言足採據。蓋炎漢
雖去姬周未遠，然經傳所載禮樂諸器，當代學者之箋注，似已不能無誤。宋
楊簡《慈湖詩傳》云：

《詩》箋蓋據〈玉人〉大璋、中璋、邊璋之制云「黃金勺，青金外，
朱中，鼻寸，衡四寸，有繅」，故意圭瓚之制亦同。詳觀〈玉人〉本
文，祼圭瓚與三璋黃金勺之文，隔絕甚多，文理未見其同，鄭說未
安。」（卷一六頁二四）

楊氏之懷疑，蓋亦有以而然也。

綜合陳（祥道）、林（希逸）、江（永）諸儒以及那氏之說，《周禮・玉人》
此段文字，原文當作：

穀圭七寸，天子以聘女，大璋亦如之，諸侯以聘女。大璋（十二寸），
中璋九寸，邊璋七寸，射四寸，厚寸。璋，邸射，素功，以祀山川，
以致稍餼，天子以巡守。

「黃金勺，青金外，朱中，鼻寸，衡四寸，有繅」十五字，乃後人因錯簡誤
竄，鄭康成據此錯簡，乃以為三璋有勺，其形如圭瓚。而鄭氏之說圭瓚，則
又取叔孫通所作《漢禮器制度》文以實之（見〈典瑞〉「祼圭有瓚，以肆先
王，以祼賓客」注）。按漢禮器瓚受五升，徑八寸，其形則大，而據今本《周
禮》，三璋之勺徑四寸，所容蓋似小。又漢禮器瓚槃下復有徑尺之槃，乃以
承上槃者，與圭瓚不同器。鄭說之不足以據，蓋亦較然明白。三璋與圭瓚形
既隔遠，則鄭氏謂三璋「以事山川則用灌」之說，自然不攻自破，而天地山
川諸外神，非如人道宗廟有祼之事，蓋亦憭然而無疑義。

# 第四章　祼禮儀節

古有祼禮，惜今不傳，其儀節亦莫得其詳。惠士奇於《禮說》「鬱人詔祼將之儀與其節」條下云：

> 祼之節則亡矣，其略有三。實鬱鬯於六彝，為祼之初節；播芬芳於二瓚，為祼之中節；達臭陰於淵泉，為祼之終節。是為三節，名曰肆獻祼。肆者，肆師築而鬻，鬱人實而陳；祼者，小宗奉而授，小宰贊而行；獻者，獻於尸，奠於神。」（《皇清經解》卷二一九頁一七）

惠說宗廟祭前降神之祼，其儀節如此，說殆是矣，惟頗病簡略。蓋祼禮之詳細儀節，雖不可見矣，然其散見於載籍者，猶可考而知。因就惠氏所言祼儀三節，取經傳師儒之說以實之，冀以見祼儀之大概。

## 第一節　實鬱鬯於六彝

凡宗廟祭祀，其祼神前之準備工作，則須先預陳行祼所須器物，所謂鬯酒與祼器是也。是故《周禮·肆師》云：

> 祭之日，表齍盛，告絜；展器陳，告備；及果，築鬻。

鄭注引鄭司農云：

> 築者，築香草，煮以為鬯。

蓋祼用鬱鬯之酒，故須擣鬱金而煮之，此築煮鬱草之職，則由春官之屬肆師掌之。《周禮·鬱人》鄭注引鄭司農云：

> 鬱，草名。十葉為貫，百二十貫為築以煮之鑊中，停於祭前。

是據先鄭之說，和秬鬯之酒所用鬱草汁，乃由鬱葉擣煮而成。其製法，是先將百二十葉之鬱葉，用杵築擣以發其香，再煮之鐎中以出其味，即告完成。許慎《說文》鬱篆釋義，即本諸先鄭。惟據後儒對該植物之研究，鬱草所用部分，乃其塊根。蓋以其根芳香而色黃，擣煮以和秬鬯，則酒色香而黃，在器流動。《詩·旱麓》所謂「黃流在中」者是也（說詳「鬱、鬱金與鬱金香」節），先鄭謂鬱用其葉，其說未詳所據。

〈肆師〉云：「祭之日，及果，築鬻」，是知廟祭用以灌神之鬱鬯，其和鬯所用之鬱汁，並非在祭前之日，即已築煮完成。乃是於祭祀之日，將行裸禮之際，始行擣煮者也。其禮賓客所用亦然，是故〈肆師〉又云：「大賓客，涖筵几，築鬻」。其所以必祭之日，而始築煮者，羅願《爾雅翼》云：

> 先王以鬱為香物，久則失其芬芳，故至時旋取以和鬱，則色香俱新潔芬香調達。故〈肆師〉職言「及裸，築煮」，「大賓客涖筵几，築煮」，則祭之入鬱，在臨裸之時，而賓客入鬱，在已陳筵几之後，其序可見矣。此亦新尊絜之之義也。（卷一頁一七、一八）

羅說祭之入鬱，在臨裸之時，而賓客入鬱，則在已陳筵几之後，此所以新尊絜之之義，其說或然。《禮記·郊特牲》云：

> 周人尚臭，灌用鬯臭。鬱合鬯。

臭者，謂香氣也，亦即謂鬱也。黃以周《禮書通故》以為尚臭者，蓋據祭時言，若於祭前一日，則不合尚臭之義〔註1〕，其說亦與羅氏不異。秦蕙田《五禮通考》則謂鬱人和鬱鬯以實彝，在祭之日，而肆師煮鬱，則在前一日。其說與經文不合〔註2〕。

《周禮·鬱人》云：

> 掌裸器。凡祭祀、賓客之裸事，和鬱鬯以實彝而陳之。

又〈鬯人〉云：

> 掌共秬鬯而飾之。

是據上引，肆師主煮鬱，鬯人主供鬯，而鬱人主鬱合鬯也。易言之，凡有裸事，則肆師先築煮鬱草，取其汁以授鬱人，鬱人更於鬯人取秬鬯之酒，以鬱和而實之於彝（按周人四時祭祀，所用鬯彝，隨時而不同，說詳「裸禮相關禮器」章）。《周禮》經文所見如此。賈公彥〈鬱人〉疏則云：「謂和鬯人所造

---

〔註1〕參見黃以周《禮書通故·肆獻裸饋食禮通故二》，頁一三。
〔註2〕見《五禮通考》卷八七頁一一。

秬黍之鬯酒也。為宗廟賓客用鬱者,則肆師築鬱金草,煮之以和鬯酒,更和以盎齊,泲之以實彝,陳於廟中饗賓客及祭宗廟之處。」《欽定周官義疏》則謂肆師築之,鬱人煮而和之,說又不同。此則裸前煮鬱合鬯之一番儀節也。

## 第二節　播芬芳於二瓚

鬱人將築煮之鬱金和鬯而實於彝中,陳於祭宗廟之處,以備行裸。據《周禮》所載,典瑞於裸圭有瓚,特辨其名物;司尊彝於彝舟,特詔其酌,辨其用,而不掌其器;鬱人和鬱鬯以實六彝,故並裸器掌之(此本鄭鍔說)。且行禮時必澡手,使人奉匜盛水以澆沃之,而下以槃承其棄水,僖公二十三年《左傳》云「奉匜沃盥」者是也。沃盥所掌則為鬱人,故〈鬱人〉云「凡裸事沃盥」。賈公彥疏曰:「凡,言非一。若賓客,則大宗伯裸;若祭祀,王及后裸,皆鬱人沃以水盥手及洗瓚也。」賈說是矣。其洗瓚之職,亦見〈鬱人〉,文云:「凡裸玉濯之陳之以贊裸事」是也。此播芬芳於二瓚前之事也。至酌彝中鬱鬯,而注之於瓚,是何官所職掌,則經無明文。

按《周禮·小宗伯》職:「凡祭祀以時將瓚裸」,鄭注云:「祭祀以時奉而授王」,賈疏云:「此小宗伯又奉而授之王者,此據授王,彼小宰據授尸。」又《周禮·內宰》職:「大祭祀,后裸則贊」,鄭注云:「謂祭宗廟,君既裸,后乃從後裸也」,賈疏云:「室中二裸,后亞王裸,裸時內宰以璋瓚授后。」則據賈疏,知奉圭瓚以授王者,小宗伯也,奉璋瓚以授王后者,內宰也,而酌於彝注之瓚者則未明。

《周禮·典瑞》:「裸圭有瓚,以肆先王,以裸賓客」,先鄭注云:「於圭頭為器,可以挹鬯裸祭,謂之瓚。」據先鄭義,則似瓚為挹鬯之勺,而兼用為裸祭之器。按瓚雖為勺制,而裸祭則以當爵,其挹之仍用蒲勺,而不用瓚也,故鄭玄〈王制〉注直釋圭瓚為鬯爵。《禮記·郊特牲》「灌以圭璋,用玉氣也」,孔疏引王肅注曰:「瓚,所以斟鬯也。」王氏以瓚為斟鬯之勺,其誤與先鄭同。說詳「裸禮相關禮器」章。

## 第三節　達臭陰於淵泉

夫裸者,酌鬱鬯灌地,所以求神於陰,此其義也。已見前述矣。經傳所載宗廟之裸事者多矣,說者大抵祇是簡釋其義,而不及行裸之法。且先儒亦

多將灌地降神，與宗廟九獻中酌鬱鬯以獻尸之初獻、二獻，混同為一事，致古裸禮之義，隱晦而難明，此不可不辨以明也。茲檢諸經傳師說之言裸事者，約別為二類，且論述之如后。藉以見灌地求神，與夫宗廟九獻中之前二裸，固有迥異也。

## 第一類　裸謂酌鬱鬯獻尸求神

### （一）酌鬱鬯曰裸

△《禮記‧祭統》：「及時將祭，君子乃齊。……君致齊於外，夫人致齊於內，然後會於大廟。君執圭瓚裸尸，大宗執璋瓚亞裸。及迎牲，君執紖，卿大夫從士執芻。」

鄭注：「酌鬱鬯曰裸。」

### （二）裸謂酌鬱鬯以獻

△《禮記‧明堂位》：「季夏六月，以禘禮祀周公於大廟，灌用玉瓚大圭。」

鄭注：「灌，酌鬱尊以獻也。」

孔疏：「灌用玉瓚大圭者，灌謂酌鬱鬯獻尸求神也。」

### （三）裸謂始獻酌奠

△《周禮‧考工記‧玉人》：「裸圭尺有二寸，有瓚，以祀廟。」

鄭注：「裸謂始獻酌奠也。」

賈疏：「讀裸為灌者，取水灌之義。云裸謂始獻酌奠也者，〈小宰〉注云裸亦謂祭之，啐之，奠之。以其尸不飲，故云奠之。按〈司尊彝〉注裸謂始獻尸，〈郊特牲〉注云始獻神也者，以其裸入獻于尸，故云獻尸。二灌主為降神，故云獻神。三注雖曰不同，其義一也。」

### （四）裸謂酌鬱鬯始獻尸

△《周禮‧春官‧司尊彝》：「春祠夏禴，裸用雞彝鳥彝。」

鄭注：「裸謂以圭瓚酌鬱鬯始獻尸也。」

賈疏：「宗廟之祭，先奏樂下神。……據侯伯禮，宗廟七獻，

二祼為奠，不飲。上公九獻，二祼為奠不飲，是尸飲七。
子男五獻，二祼為奠不飲，是尸飲三。大夫三獻，無二祼。」

△《周禮・天官・小宰》：「凡祭祀，祼將之事。」

鄭注：「贊王酌鬱鬯以獻尸，謂之祼。祼之言灌也，明不為
飲，主以祭祀。唯人道宗廟有祼，天地大神，至尊不祼，莫
稱焉。凡鬱鬯，受祭之，啐之，奠之。」

賈疏：「尸受灌地降神，名為祭之。」

## （五）祼謂酌鬱鬯始獻尸求神時

△《周禮・春官・大宗伯》：「以肆獻祼享先王。」

鄭注：「灌以鬱鬯謂始獻尸求神時也。」

△《禮記・明堂位》：「季夏六月，以禘禮祀周公於大廟，灌用
玉瓚大圭。」

孔疏：「灌用玉瓚大圭者，灌謂酌鬱鬯獻尸求神也。」

## （六）祼謂酌鬱鬯酒獻尸灌地求神

△《論語・八佾》：「子曰：『禘自既灌而往者，吾不欲觀之矣。』」

皇疏引《尚書大傳》鄭注：「灌是獻尸。尸乃得獻，乃祭酒
以灌地也。」

又皇疏云：「灌者獻也。酌鬱鬯酒獻尸，灌地以求神也。」

又云：「酌鬱鬯酒獻尸，尸以祭，灌於地，以求神也。」

△《通典》卷四九「時享」條下云：「王以珪瓚酌雞彝之鬱鬯
以獻尸，尸以祼地降神，尸祭之，啐之，奠之。此為祼神
之一獻也。后乃以璋瓚酌鳥彝之鬱鬯以獻尸，尸祭之，啐
之，奠之。此為二獻也。」

又卷四九「祫禘」條下云：「王乃以珪瓚酌斚彝鬱鬯以授尸，
尸受之，灌地祭之以降神，乃啐之，奠之。此為求神之始
也。此為一獻。次后乃以璋瓚酌黃彝之鬱鬯以亞獻，尸亦
祭之，啐之，奠之。此為二獻。……其禘祭，一如祫祭。」

### （七）裸謂酌鬱鬯始獻神

△《禮記・郊特牲》：「周人尚臭，灌用鬯臭，鬱合鬯，臭陰
達於淵泉。灌以珪璋，用玉氣也。既灌然後迎牲，致陰氣
也。」

鄭注：「灌謂以圭瓚酌鬯始獻神也。」

按鄭玄注禮，其解說裸制，多互文相足，詳略互見。或云「始獻酌奠」
（〈玉人〉注），或云「酌鬱鬯始獻尸」（〈司尊彝〉注），或云「始獻尸求神
時」（〈大宗伯〉注），或云「酌鬱鬯始獻神」（〈郊特牲〉注），或謂「酌鬱鬯
以獻尸，尸受祭之，啐之，奠之」（參見〈小宰〉注），必合諸注，乃可見其
大概。賈公彥曰：

讀裸為灌者，取水灌之義。云裸謂始獻酌奠也者，〈小宰〉注云裸
亦謂祭之，啐之，奠之。以其尸不飲，故云奠之。按〈司尊彝〉注
裸謂始獻尸，〈郊特牲〉注云始獻神也者，以其裸入獻于尸，故云
獻尸。二灌主為降神，故云獻神。三注雖曰不同，其義一也。（《玉
人》疏）

又曰：

凡宗廟之祭，迎尸入戶，坐於主北。王以圭瓚酌鬱鬯以獻尸，尸得
之，瀝地祭訖，啐之，奠之，不飲。尸為神象，灌地所以求神，故
云始獻尸求神時也。言始獻，對後朝踐、酳尸等為終，故此稱始也。
（《大宗伯》疏）

據賈疏，知鄭氏注語雖或參差，而其義蓋無不同。鄭云「酌鬱鬯灌尸，尸受
祭之，啐之，奠之」，賈氏申之云：「尸受灌地降神，名為祭之。」（〈小宰〉
疏）是所謂獻尸求神時者，蓋當宗廟九獻之初獻、二獻二節，亦即二裸是也。
賈氏而後，言裸禮者，大抵本此。以為獻尸凡九，其初二裸，即所以灌地降
神者也。杜佑《通典》所載行裸之法，可視為一般申鄭者之意見。

賈氏之前，涉及鄭氏「尸受灌地降神」之說者，尚見於《論語・八佾》
皇疏引鄭注《尚書大傳》：

灌是獻尸，尸得獻，乃祭酒以灌地也。

皇疏此段文字，黃以周以為「尸得獻」與「灌地」并為一事，乃皇氏申述鄭
注之語，後人或并此為鄭注。其言曰：

裸謂酌鬱鬯灌地以降神，漢時師說皆然。而初獻尸亦謂之裸尸者，以其亦酌鬱鬯故也。《大傳》注灌是獻尸，不誤。皇氏以為乃尸得獻祭以灌地并為一事，非鄭意。近人并以皇氏申語為鄭注，則皇氏以前解鄭義者，何分灌地灌人為二邪？皇氏引鄭注灌是獻尸，是字已屬入己語，而謂得獻灌地，尚是鄭語，殊未審矣。（《禮書通故·肆獻裸饋食禮通故二》頁二二）

按黃說蓋是。斯猶〈小宰〉疏，賈公彥以「尸受灌地降神」申述「祭之」之義無異，此乃賈語，鄭氏禮注未嘗有「灌地降神」之言。

攷古者飲食必祭，《儀禮·士冠禮》賓醴冠者節，云：「冠者即筵坐，左執觶，右祭脯醢，以柶祭醴三。」〈燕禮〉主人獻賓節，云：「坐捝手，執爵，遂祭酒，興。席末坐，啐酒。降席，坐奠爵。」即其例。《禮記·曲禮》言進食之禮，曰：「主人延客祭，祭食，祭所先進。殽之序，遍祭之。」鄭注曰：「祭，祭先也。君子有事不忘本也。」《周禮·天官·膳夫》鄭注亦曰：「禮，飲食必祭，示有所先。」是知古人食前必祭其先人者，蓋所以示不忘本之意也。鄭注云：「凡鬱鬯，受祭之，啐之，奠之」，所謂「祭之」者，蓋亦飲食必祭之義。朱子《家禮》云：「酹酒有兩說。一用鬱鬯灌地以降神，則惟天子諸侯有之。一是祭酒，蓋古者飲食必祭，鬼神自不能祭，故代之祭也。」（見〈附錄〉頁二二）鄭云「祭之」，即《家禮》所謂「祭酒」是矣。賈公彥申述鄭義，以獻尸尸祭之即為灌地求神，《論語·八佾》皇疏說同，斯說殆非。陳祥道《禮書》、金鶚《求古錄禮說》、黃以周《禮書通故》並有說：

　△ 陳祥道曰：「其裸尸也如裸賓客，則王與后自灌之矣。然尸神象也，神受而自灌，非禮意也。」（《禮書》卷八五頁三）

　△ 金鶚曰：「鄭注〈小宰〉謂凡鬱鬯祭之，啐之，奠之，與求神之義不合，恐未是。」（《求古錄禮說》卷十三「天子宗廟九獻辨」條）

　△ 黃以周曰：「云祭之，啐之，奠之者，明與灌地異也。」（《禮書通故·肆獻裸饋食禮通故二》頁二二）

又按《禮記·祭統》云：「君執圭瓚灌尸，太宗執璋瓚亞灌。」灌尸之說，始見於此。灌尸者，以飲尸也。主人獻尸，尸受以祭諸地，乃後啐之，奠之。初獻尸亦謂之裸尸者，蓋以其亦酌鬱鬯故也。〈司尊彝〉、〈小宰〉注並云「酌鬱鬯以獻尸」，即據〈祭統〉「君執圭瓚裸尸」而言（此採黃以周說）。

是知鄭注諸裸，大抵皆指宗廟九獻之初獻、二獻而言，此為尸灌，賈疏以之與灌地降神之裸，合而一之，恐未必然也。惟猶有可疑者，〈大宗伯〉注云：「灌以鬱鬯謂始獻尸求神時也」，始獻尸與求神連言，似鄭氏又將獻尸與求神視為一事，以其僅此一見，固難審辨，姑以存參。

## 第二類　裸謂酌鬱鬯灌地降神

### （一）裸謂酌鬱鬯灌地以降神

△《禮記·郊特牲》：「周人尚臭，灌用鬯臭，鬱合鬯，臭陰達於淵泉。灌以珪璋，用玉氣也。既灌然後迎牲，致陰氣也。」

△《白虎通·考黜》：「秬者黑黍，一稃二米。鬯者以百艸之香鬱金合而釀之，成為鬯。陽達於牆屋，入於淵泉，所以灌地降神也。」

△《論語·八佾》：「子曰：『禘自既灌而往者，吾不欲觀之矣。』」
皇疏引孔安國曰：「灌者，酌鬱鬯，灌於大祖，以降神也。」

△《易·觀卦》：「觀盥而不薦。」李鼎祚《周易集解》引馬融注云：「盥者，進爵灌地，以降神也，此是祭祀盛時。及神降薦牲，其禮簡略，不足觀也。國之大事，唯祀與戎。王道可觀，在於祭祀。祭祀之盛，莫過初盥降神，故孔子曰：『禘自既灌而往者，吾不欲觀之矣。』」

### （二）裸謂酌鬱鬯灌茅入地以降神

△《說文》酉部茜篆下曰：「禮祭，束茅加于裸圭，而灌鬯酒，是為茜。象神歆之也。」

△《論語·八佾》：「子曰：『禘自既灌而往者，吾不欲觀之矣。』」
皇疏：「先儒舊論灌法不同：一云於太祖室裏籠前，東向，束白茅置地上，而持鬯酒灌白茅上，使酒味滲入淵泉以求神也。」

裸謂灌地降神，蓋始見於《禮記·郊特牲》。〈郊特牲〉云：「周人尚臭，灌用鬯臭，鬱合鬯，臭陰達於淵泉。既灌然後迎牲，致陰氣也。」臭陰達於淵泉者，此謂灌也。《白虎通·考黜篇》說即本此。《論語·八佾》集解引孔

安國云：「灌者，酌鬱鬯灌於大祖以降神也。」《周易集解》引馬融《易》注，亦以灌為進爵灌地以降神。孔、馬說似並專屬灌地降神，與鄭義灌尸有別。

又許書裸篆下云「灌祭也」，茜篆下云「禮祭，束茅加于裸圭，而灌鬯酒，是為茜」，是許氏以裸茜為一也。裸蓋言其祭名，茜乃說其灌法，合二篆而其禮可知。案《周禮·甸師》「祭祀供蕭茅」，鄭注引鄭大夫（興）云：「蕭字或為茜，茜讀為縮，束茅立之，祭前沃酒其上，酒滲下去，若神飲之，故謂之縮。」許氏訓義蓋即本此。惟鄭大夫不云是裸耳。《論語·八佾》皇疏引或解，蓋與許說同，亦以灌地為說，而與鄭義異。孫詒讓《周禮正義》云：

> 〈士虞禮〉未迎尸陰厭時，有祭酒於苴之節，王祭禮，尸未入之前，或亦先以鬱鬯灌茅以降神，而後迎尸二裸，故《說文》艸部亦有束茅灌鬯為茜酒之說，但禮經無正文，未能質定也（卷三三〈大宗伯〉疏，第五冊頁一三三六）。

按孫氏據〈士虞禮〉未迎尸陰厭時，有祭酒於苴之節，以推王祭禮，尸未入以前，或以鬱鬯灌茅以降神，而後迎尸二裸，其說蓋是。王國維以為沃酒為茜，與裸事無涉〔註3〕，其說殆有未安。按茅以共祭之苴，亦以縮酒。而祭以茅茜酒，與醴齊以茅去滓，又為二事，不可牽合。一則用茅濾以去其滓，一則降神之時，束茅立之，以鬯酒自上澆灌而下，酒汁漸漸滲透下流入地。且據典籍及前賢之說，藉祭者率為白茅，縮酒者則為菁茅。灌鬯所用，當亦以菁茅為之，即葉有三脊，其氣香芬者也。蓋取其物性芬芳，使鬱鬯益為香美也〔註4〕。皇疏所引或解，謂以白茅為之，蓋有可疑。

綜觀上述，知鄭氏灌尸之說，雖似持之有據，而實以天子宗廟獻尸九獻中之初獻、二獻以當之，〈祭統〉「君執圭瓚裸尸，大宗執璋瓚亞裸」，即此義。陳祥道謂尸為神象，神受而自灌，非禮意；金鶚以為祭之，啐之，奠之，與求神之義不合；黃以周亦以為祭之，啐之，奠之，明與灌地有異。陳、金、黃說皆可據信。且唯人道宗廟有裸，此大抵為治禮者人人所首肯。王昭禹《周禮詳解》云：「天地之神不裸，凡用裸者，惟宗廟而已。蓋人之死也，魂氣升於天，故炳蕭以求諸陽，體魄降於地，故裸鬯以求諸陰。賓客亦用裸，則

---

〔註3〕見《觀堂集林》，頁四八。
〔註4〕參見拙作〈殷周禮制中醴及醴器研究〉，《大陸雜誌》第八十六卷第二期（一九九三、二），頁四。

先王之承賓，猶承神也，所以致其敬也。」（卷一八頁一四）王說是矣。體魄降於地，故必裸鬯以求諸陰，此與獻尸之裸，義當有殊。孔安國、馬融、許慎皆以裸專屬灌地降神，而與鄭氏獻尸之裸義異，是知漢儒於此二者之分已然。故清王鳴盛、江聲、黃以周等，俱主裸有灌尸與灌地之別。王鳴盛《尚書後案》云：

> 裸有二。〈郊特牲〉云：「周人尚臭，灌用鬯臭，鬱合鬯，臭陰達於淵泉。既灌然後迎牲。」《論語》「既灌」，孔安國注：「酌鬱鬯灌以降神。」此皆言始時灌地降神之裸。〈祭統〉云：「君執圭瓚裸尸。」鄭注《周禮·司尊彝》云：「裸謂以圭瓚酌鬱鬯，始獻尸。」此皆言獻尸之灌。（《皇清經解》卷四二二頁二八）

江聲《尚書集注音疏》亦云：

> 裸有二節，〈郊特牲〉所言是灌地降神之裸，即所謂「灌用鬯臭，鬱合鬯，臭陰達於淵泉」，所謂「先求諸陰也」，馬融注《易·觀卦》所云「進爵灌地以降神」是也。此經之裸，非是之謂，乃裸尸爾。《禮記·祭統》所云君執圭瓚裸尸是也。（《皇清經解》卷三九六頁二九）

按江謂〈洛誥〉「王入太室裸」為獻尸之裸，與王說不同，然以裸有降神之裸與尸灌之分，則無殊異。黃以周《禮書通故》云：

> 案書曰「王入大室裸」，明王自裸于大室主前也。王入大室親自灌鬯，出而又酌鬯獻其尸，尸直祭之，啐之，奠之，時主在室，而尸在堂，故裸灌自室而獻于堂，祭之之祭與降神之裸迥別。（〈肆獻裸饋食禮通故二〉頁二二、二三）

黃氏不僅以為酌鬯獻尸，尸祭之之祭，與降神之裸迥別，更以降神之裸當在尸灌之前。《禮記·郊特牲》孔疏引崔氏云：「周禮之法，宗廟以裸地為始」，按裸地所以求神也，當在正獻之前。黃說雖經無明文，而崔氏之言，固亦可為佐證。

　　綜上所述，知宗廟裸禮，有裸神與裸尸之不同。裸神，所以灌地降神，在九獻之前；裸尸，所以飲尸，在九獻之中，亦即九獻之初獻、二獻也。其初、二獻亦名裸者，蓋以其亦酌鬱鬯故也。其灌尸之儀，則鄭注《周禮·小宰》云：「贊王酌鬱鬯以獻尸，（尸）受祭之，啐之，奠之」，尸祭之之祭，蓋飲食必祭之義，非所以求神也。是灌神以灌地為義，灌尸之灌，雖止啐之，而「明不為飲」（〈小宰〉鄭注語），然其以「飲」為義，則無疑義。是裸神

之裸與裸尸之裸，其義固有不同。且宗廟祭祀，必先求神，是故降神之裸，當在尸灌之前。其灌法，則在正祭之前，「於太祖室裏龕前，東向，束白茅置地上，而持鬯酒灌白茅上，使酒味滲入淵泉以求神」（見《論語・八佾》皇疏所引或說），許書則謂之茜。卜辭有🝔、🝕字，王國維謂即許書之茜，魯實先先生謂即許書訓灌祭之「裸」。據祭名言之，則謂之裸；據灌法言之，則謂之茜。許訓茜篆曰：「禮祭，束茅加于裸圭，而灌鬯酒」，即據灌法言之。此已具前說。《禮記・禮運》孔疏引崔靈恩《三禮義宗》說，大祫之裸，「眾尸皆在大廟中，依次而裸，所灌鬱鬯，〈小宰〉注云「祭之，啐之，奠之，是為一獻也」。按崔說蓋謂尸灌而言。至其求神也，在大廟中，亦或如崔言「依次而裸」也。

# 第五章　祼禮施用範圍

　　夫祼有宗廟之祼，有賓客之祼，徵諸典籍，較然明白，而《周禮》所載職官，其掌有關祭、賓二者之祼事者，即有以下七見：

1. 《周禮・天官・小宰》：「凡祭祀，贊玉幣爵之事、祼將之事。凡賓客，贊祼，凡受爵之事，凡受幣之事。」

2. 《周禮・天官・內宰》：「大祭祀，后祼獻，則贊；瑤爵亦如之。凡賓客之祼獻、瑤爵，皆贊。」

3. 《周禮・春官・大宗伯》：「掌以肆獻祼享先王。……大賓客，則攝而載果。」

4. 《周禮・春官・小宗伯》：「凡祭祀、賓客，以時將瓚果。」

5. 《周禮・春官・肆師》：「大祭祀，祭之日，及果，築鬻。大賓客，涖筵几，築鬻，贊果將。」

6. 《周禮・春官・鬱人》：「掌祼器。凡祭祀、賓客之祼事，和鬱鬯以實彝而陳之。」

7. 《周禮・春官・典瑞》：「祼圭有瓚，以肆先王，以祼賓客。」

　　〈鬱人〉云「凡祭祀、賓客之祼事」，〈小宗伯〉云「凡祭祀、賓客，以時將瓚果」，此祭祀、賓客之禮，所以同用祼之明證。易祓曰：「先王制禮之意，則專以祼為求神之禮。」（《周禮總義》卷十二頁二二）按易意似謂祼禮之始作，本為宗廟之祭祀，非賓客之禮，其說信然。若夫祼禮之施於賓客者，宋儒則多以尊之為說。

△ 王昭禹《周禮詳解》云：「見大賓，承大祭，皆主於敬，故
其祼賓也，猶待其神焉。」（卷一八頁一一）

又云：「天地之神不祼，凡用祼者，惟宗廟而已。蓋人之死
也，魂氣升於天，故焫蕭以求諸陽，體魄降於地，故祼鬯
以求諸陰。賓客亦用祼，則先王之承賓，猶承神也，所以致
其敬也。」（卷一八頁一四）

△ 王與之《周禮訂義》引鄭鍔曰：「天地大神，至尊不祼。此
言祭祀，謂祭宗廟社稷山川四方，祼以求而出之。賓客亦有
祼者，以待神明之道待賓客，尊之至也。」（卷三三頁一九）

△ 衛湜《禮記集說》引陳祥道曰：「諸侯相朝，灌用鬱鬯，以
人敬神之禮敬諸侯也。」（卷六〇頁三）

王氏曰「其祼賓也，猶待其神也」，又曰「賓客亦用祼，則先王之承賓，
猶承神也」，鄭氏曰「賓客亦有祼者，以待神明之道待賓客，尊之至也」，陳
氏曰「諸侯相朝，灌用鬱鬯，以人敬神之禮敬諸侯」，是諸儒以為賓客之祼，
乃以宗廟待神明之道以禮賓客，所以尊敬之也。《禮記·禮器》：「諸侯相朝，
灌用鬱鬯，無籩豆之薦」，莊有可曰：「灌，禮賓也。敬之如神，故以接神之
禮。」（《禮記集說》卷一〇頁四）蓋亦本此。

按卜辭饗食字作𗊃，象兩人相嚮就食之形。以𗊃之本義為饗食，引申
則饗人為𗊃，饗鬼神亦為𗊃。《詩·小雅·彤弓》：「一朝饗之」，鄭箋云：「大
飲賓曰饗。」《周禮·大行人》：「饗禮九獻」，鄭注云：「饗，設盛禮以飲賓
也。」又《禮記·祭義》：「唯聖人為能饗帝，孝子為能饗親」，鄭注云：「謂
祭之能使之饗也。」〈郊特牲〉：「歲十二月合聚萬物而索饗之」，鄭注云：「饗
謂祭其神也。」是饗有用於賓禮，亦有用於祭禮。蓋設盛禮以飲賓，與夫備
饋食以廟享，其義蓋無二致，斯與殷虛卜辭所見契合。此即緣於「資於事生
以事死」，「資於事人以事神」之義也。故先儒論饗，多合祭饗與賓饗而併數
之，而經傳亦並以「大饗」而名焉。說詳拙作《饗禮考辨》。夫祭饗、賓饗，
其初義既本相因，故二禮亦多相類。祭祀主於事尸，饗禮主於飲賓，祭之有
尸，猶饗之有賓，故待賓如尸禮。賓祼之因於吉祼，其理蓋如此。

朝享畢禮賓之祼，屬於賓禮中之朝禮，大饗獻賓之祼，屬於嘉禮中之饗
禮。且諸侯冠禮中有祼享之儀，天子籍田之禮中，亦有祼鬯之節。考諸典冊，
宗廟祭祀之祼禮，施及他禮者，有此四端，茲依次述之於后。

# 第一節　朝禮之裸

夫賓禮以親邦國，有朝聘會盟，雖其揖攘進退之節，難考其詳，而禮書著其目，經傳敘其事，大抵皆有其例可徵。《周禮·秋官·大行人》云：

> 上公之禮，廟中將幣，三享。王禮再裸而酢，饗禮九獻。諸侯之禮，廟中將幣，三享。王禮壹裸而酢，饗禮七獻。諸伯如諸侯之禮。諸子廟中將幣，三享。王禮壹裸不酢，饗禮五獻。諸男如諸子之禮。

王禮再裸一裸者，此謂諸侯朝王，朝覲之日，三享既畢，王乃以鬱鬯之酒裸賓也。故鄭注云：「王禮，王以鬱鬯禮賓也」，又〈秋官·司儀〉注云：「禮，謂以鬱鬯裸之也。」檢諸春秋經傳所載，諸侯朝天子者，凡兩見：

> △《左傳》莊公十八年：「春，虢公、晉侯朝王。王饗醴，命之宥，皆賜玉五瑴，馬三匹，非禮也。王命諸侯，名位不同，禮亦異數，不以假人。」

> △《左傳》僖公二十五年：「夏，四月戊午，晉侯朝王，王饗醴，命之宥。請隧，弗許。」

按諸侯見天子，六服之內，四方以時分來，或朝春，或宗夏，或覲秋，或遇冬，名殊禮異，更遞而遍。《周禮·大宗伯》云：「春見曰朝，夏見曰宗，秋見曰覲，冬見曰遇」是也。春夏冬三時禮亡，惟覲禮獨存十七篇中。據〈大行人〉文，則朝享畢，王以鬱鬯裸賓，而其裸酢，又因其爵命而異其禮數。《禮記·郊特牲》亦云：「諸侯為賓，灌用鬱鬯，灌用臭也。」若虢公則王禮再裸而酢，晉侯則壹裸而酢（按孔疏不以虢為公爵，與杜說異）。

若夫諸侯自相朝，則朝享禮畢，主國之君亦以鬱鬯獻賓也。故《禮記·禮器》云：「諸侯相朝，灌用鬱鬯」，鄭注〈司儀〉曰：「儐，謂以鬱鬯禮賓也。上於下曰禮，敵者曰儐」，且引〈禮器〉此文，謂此朝禮畢儐賓也。〈禮器〉孔疏亦云：「諸侯自相朝，朝享禮畢，未饗食之前，主君酌鬱鬯之酒以獻賓，示相接以芬芳之德，不在穀味也。」檢諸春秋經傳所載，列國諸侯相朝者，凡八見（詳見拙著《饗禮考辨》），其朝享禮畢，主君酌鬱鬯以獻可知。

至若禮賓之裸，是否與宗廟裸神之儀相同，先儒所言多不及此。按大祭祀與大賓客，其禮雖大略相似，但未必即全同。宗廟正祭前之裸事，所以降神；朝享後之禮賓，則純乎賓主之禮，則其裸蓋亦所以迎賓之意。二者粗看似乎相同，其實用意或有小殊。祭裸蓋在求神之來格，以其時神猶未降臨，故以鬱鬯灌之。禮賓裸時，貴賓已至，其裸殆示歡迎光臨之意。一則未至，

一則已來。且前儒之說，降神所以用鬱鬯者，欲其香氣通達於地下，庶其聞之，而來格來享也。禮祼以鬱鬯者，所以示相接以芬芳之德也。愚以為不論是禮賓之祼，或饗禮之祼，皆所以示隆重敬獻之意，其亦名祼者，蓋以其亦酌鬱鬯故也。其義蓋與宗廟正獻獻尸之祼相同，故《禮記・禮器》「諸侯相朝，灌用鬱鬯」，鄭注云：「灌，獻也。」又《禮記・投壺》「奉觴曰賜灌」，注云：「灌，猶飲也」，《周禮・典瑞》「以祼賓客」，注云：「爵行曰祼」，賈疏曰：「云爵行曰祼者，此《周禮》祼皆據祭而言，至於生人飲酒亦曰祼，故〈投壺禮〉云『奉觴賜灌』，是生人飲酒，爵行亦曰灌也。」然則灌之為訓，乃飲之異名。此所以鄭注〈大行人〉解「再祼」為「再飲公」也。楊伯峻《春秋左傳注》謂祼是以配合香料煮成之酒倒之于地，使受祭者或賓客嗅到香氣。此是行隆重禮節前之序幕（見襄九年「君冠，必以祼享之禮行之」注），其說以降神之祼儀，以說賓客之祼亦如此，殆有未然也。

惟猶有須辨說者，蓋以朝禮朝享畢禮賓之祼事，前儒多混於饗禮獻賓之祼而無別也。按典籍所載賓客之祼事，多見於《周禮》與《禮記》二書，而其所稱祼事，經既無禮祼、饗祼之名，亦無禮祼、饗祼之分，二名之確立，蓋出自後世之經說也。《儀禮・士昏禮》「請醴賓」，鄭注云「醴當為禮」。〈聘禮〉「請醴賓」，李如圭《儀禮集釋》、敖繼公《儀禮集說》、夏炘《學禮管釋》皆以為「禮」當作「醴」。凌廷堪《禮經釋例》卷六云：「賓主人行禮既畢，必有禮賓，所以申主人之敬也。」又云：「凡賓主人行禮畢，主人待賓用醴，則謂之禮。不用醴則謂之儐。」然則所謂「禮（醴）賓」也者，乃賓主人行禮既畢，主人待賓之禮，而用醴酒者也。考諸《儀禮》，〈士冠禮〉既字之後，「請醴賓」、「乃醴賓」，此主人禮賓也；〈士昏禮〉納采問名禮畢，「請醴賓」，此女父禮賓也；〈聘禮〉聘享禮畢，「請醴賓」，此主國之君禮賓也。又〈士冠禮〉三加畢，有「賓醴冠者」；〈士昏禮〉婦見舅姑畢，有舅姑使贊者醴婦；若舅姑既沒，三月廟見後，有「老醴婦如舅姑醴婦之禮」，亦大略如禮賓之禮。其所用酒類皆為醴也，是故夏炘於《學禮管釋》曰：「以醴敬賓謂之醴」（卷一頁一二），蓋皆以用醴而以「醴」為名也。《周禮・司儀》職於諸侯相朝待賓之「儐」，亦作「賓」，云「賓亦如之」，鄭注云：「賓當為儐，謂以鬱鬯禮賓也」。用鬱鬯而曰儐，蓋即凌氏所謂「不用醴則謂之儐」，而《周禮》則作「賓」也。然則《儀禮・聘禮》聘享禮畢，禮賓用醴，諸侯朝天子，或諸侯自相朝，朝享禮畢，天子或主國之君以鬱鬯之酒獻賓，蓋事本相同，而

用醴用鬱鬯，禮儀差降隆殺有殊耳。故《周禮・大行人》公再祼，侯伯子男一祼，諸侯有祼而卿無祼，則以酒禮之而已。質言之，朝享禮畢，以鬱鬯禮賓，此禮賓之祼事，黃以周《禮說》所謂「禮祼」（見卷四「饗禮」條）是也。

　　通檢《周禮》、《禮記》所載賓客之祼事，注疏皆以朝享禮賓當之，而與饗禮之祼事無涉。茲就二書所見，列之於后：

　　　　△《周禮・天官・小宰》：「凡賓客，贊祼。」

　　　　　　賈疏云：「凡賓客贊祼者，案〈大行人〉云『上公再祼而酢，侯伯一祼而酢，子男一祼不酢』，謂諸侯來朝，朝享既畢，王禮之有此灌酢之禮也。」

　　　　△《周禮・天官・內宰》：「凡賓客之祼獻、瑤爵，皆贊。」

　　　　　　鄭注：「祼之禮，亞王而禮賓。獻謂王饗燕，亞王獻賓。」

　　　　　　賈疏云：「祼謂行朝覲禮訖，即行三享之禮，三享訖，乃禮賓戶牖之間。獻謂饗燕賓客，后亦助王獻賓。」

　　　　△《周禮・春官・大宗伯》：「大賓客，則攝而載果。」

　　　　　　鄭注：「載，為也。果，讀為祼。代王祼賓客以鬯。君無酌臣之禮，言為者，攝酌獻耳，拜送則王也。鄭司農云：『王不親為主。』」

　　　　　　賈疏云：「知代王祼賓客以鬯者，見〈鬱人〉宗廟及賓客皆以鬱鬯實彝而陳之，即〈大行人〉所云祼，與此祼皆用鬱鬯也。」

　　　　△《周禮・春官・肆師》：「大賓客，涖筵几，築鬻，贊果將。」

　　　　　　鄭注：「此王所以禮賓客。酌鬱鬯，授大宗伯載祼。」

　　　　　　賈疏云：「案〈大行人〉云『上公再祼而酢，侯伯一祼而酢，子男一祼不酢』，〈大宗伯〉云：『大賓客，攝而載果』，則此官主以築鬱金煮之和鬯酒也。」

　　　　△《周禮・春官・鬱人》：「掌凡祭祀、賓客之祼事，和鬱鬯以實彝而陳之。」

　　　　　　賈疏云：「其賓客祼，則〈大行人〉云公再祼之等是也。」

△《周禮‧秋官‧大行人》:「上公之禮,廟中將幣,三享。王禮再裸而酢,饗禮九獻。諸侯之禮,廟中將幣,三享。王禮壹裸而酢,饗禮七獻。諸伯如諸侯之禮。諸子廟中將幣,三享。王禮壹裸不酢,饗禮五獻。諸男如諸子之禮。」

鄭注:「王禮,王以鬱鬯禮賓也。〈鬱人〉職曰『凡祭祀賓客之裸事,和鬱鬯以實彝而陳之。』禮者,使宗伯攝酌圭瓚而裸,王既拜送爵,又攝酌璋瓚而裸,后又拜送爵,是謂再裸。再裸賓乃酢王也。禮侯伯一裸而酢者,裸賓,賓酢王而已,后不裸也。禮子男一裸不酢者,裸賓而已,不酢王也。不酢之禮,〈聘禮〉禮賓是與?」

△《禮記‧禮器》:「諸侯相朝,灌用鬱鬯,無籩豆之薦。」

孔疏云:「諸侯自相朝,朝享禮畢,未饗食之前,主君酌鬱鬯之酒以獻賓,示相接以芬芳之德,不在殽味也。何以知朝享畢而灌,按〈司儀〉職云『凡諸公相為賓』,將幣畢云『亦如之』,鄭云『儐謂以鬱鬯禮賓也。上於下曰禮,敵者曰儐』,而引〈禮器〉『諸侯相朝,灌用鬱鬯,無籩豆之薦,謂此朝禮畢儐賓也。』按〈大行人〉云『上公之禮,再裸而酢』,則諸侯朝天子,天子灌用鬱鬯。此特云『諸侯相朝』者,此經據以少為貴,諸侯於天子無鬱鬯,諸侯相朝則設鬱鬯,欲見卑者禮多,故特舉諸侯相朝也。」

△《禮記‧郊特牲》:「諸侯為賓,灌用鬱鬯,灌用臭也。大饗尚腶脩而已矣。」

孔疏云:「灌猶獻也。謂諸侯來朝,在廟中行三享竟,然後天子以鬱鬯酒灌之也。故〈大行人〉云『上公之禮,廟中將幣三享,王禮再裸而酢,侯伯之禮,廟中將幣三享,王禮壹裸而酢,諸子諸男之禮,廟中將幣三享,壹裸不酢』,鄭注云:『王禮,王以鬱鬯禮賓也。禮者使宗伯攝酌圭瓚而裸,王既拜送爵,又攝酌璋瓚而裸,后又拜送爵,是謂再裸。再裸賓乃酢王也。禮侯伯一裸而酢者,裸賓,賓酢王而已,后不裸也。禮子男一裸不酢者,裸賓而已,不酢王也。』」

又云:「大饗尚腶脩而已矣者,謂諸侯行朝享禮及灌以後,

　　　　而天子饗燕食之也。若上公則三饗三食三燕，若侯伯則再饗

　　　　再食再燕，若子男則壹饗壹食壹燕也。」

　　按〈大行人〉注云：「王禮，王以鬱鬯禮賓也」，〈司儀〉注云：「賓當為
償，謂以鬱鬯禮賓也。上於下曰禮，敵者曰償」，又云：「禮，謂以鬱鬯祼之
也」，此蓋謂朝享禮畢，王禮諸侯，猶〈聘禮〉聘享禮畢，主國之君以醴禮
賓也。《禮記・禮器》云：「諸侯相朝，灌用鬱鬯。」又〈郊特牲〉云：「諸
侯為賓，灌用鬱鬯，灌用臭也。」鄭注〈司儀〉，引〈禮器〉此文，謂即朝
禮畢償賓。然則五等諸侯自相朝，朝畢禮賓，亦用鬱鬯。蓋凡賓主行禮既畢，
主人用醴待賓，謂之禮。而此用鬱鬯，與用醴同，故亦以禮稱焉。後之研治
三禮者，大抵悉從鄭注以及賈、孔二疏，而無異辭。若王昭禹之《周禮詳解》、
易祓之《周官總義》、王與之之《周禮訂義》、孫詒讓之《周禮正義》、孫希
旦之《禮記集解》、莊有可之《禮記集說》、朱彬之《禮記訓纂》、陳祥道之
《禮書》（卷八五）、凌廷堪之《禮經釋例》（卷六）、秦蕙田之《五禮通考》
（卷一五六）、林昌彝之《三禮通釋》（卷一三二）、黃以周之《禮書通故》（卷
二四），皆其著者也。是依先儒師說，諸侯朝天子及自相朝，灌用鬱鬯，本
為朝禮禮畢禮賓之法，亦即朝禮之某一節次，所謂禮祼是也。且據《周禮・
大行人》文，此禮賓之法，唯有祼酢而不獻，異乎饗禮之有祼有獻也。

# 第二節　饗禮之祼

　　賓客之大饗，是否有祼，經無明文。按祭饗、賓饗義本相因，故經言大
饗，並兼祭賓二禮。祭饗有祼，則賓饗蓋亦可以類推，說詳拙著《饗禮考辨》。
故自賈公彥以降，治禮者大抵亦以賓饗有祼為說。《周禮・內宰》賈疏曰：「后
之祼者，饗燕亦與焉。」此言饗禮有祼也。清儒秦蕙田《五禮通考》、孫希
旦《禮記集解》、孫詒讓《周禮正義》，亦皆有此論。而孫希旦之說，尤為精
審：

　　　　△ 秦蕙田曰：「饗禮之祼，經無明文。以禮賓之節推之，上公

　　　　　九獻，則王一獻，后亞獻，皆祼。侯伯七獻，子男五獻，則

　　　　　惟王祼而已。《記》云『獻之屬莫重於祼』，大饗者，賓客之

　　　　　大禮，其十二獻，九獻，七獻，與事神同，亦必有祼明矣。

　　　　　《周禮》所載賓客之祼事，注疏皆以禮賓當之，而不及大饗，

似尚未備。」(《五禮通考》卷一五六頁一九)

△ 孫希旦曰:「王饗賓客,其初亦有二灌。〈內宰〉『凡賓客之祼獻、瑤爵,皆贊』,〈大宗伯〉『大賓客,則攝而載祼』,〈小宗伯〉『祭祀、賓客,以時將瓚祼』,〈肆師〉『大賓客,贊祼將』,〈鬱人〉『凡祭祀、賓客之祼事,和鬱鬯以實彝而陳之』,所謂賓客之祼,皆大饗之禮也。而朝享之後,王所以禮賓者亦存焉。鄭氏專以禮賓言之,蓋疑饗賓無灌耳。然〈內宰〉以祼獻瑤爵連言,其為一時之事明矣。大饗之禮,后有助王薦獻之法,若朝時禮賓,非后所與也,則大饗之有灌無疑。」(《禮記集解》卷二五頁六)

△ 孫詒讓曰:「凡祼亦通謂之獻,故〈祭統〉以祼為獻之屬,〈內宰〉亦云祼獻是也。此王禮賓,再祼一祼,祼後別無獻酒,饗賓則祼獻兩有。凡九獻者,再祼後有七獻,七獻者,一祼後有六獻,五獻者,一祼後有四獻,是獻者該祼而言之。」(《周禮正義》卷七一〈大行人〉疏,第十二冊頁二九六九)

按孫(希旦)說后不與朝時禮賓,而於大饗有助王薦獻之法,〈內宰〉、〈大宗伯〉、〈小宗伯〉、〈肆師〉、〈鬱人〉諸文所謂賓客之祼事,皆為大饗之禮,因以為大饗亦有祼,其說甚審。然則賓客之祼,亦有禮祼與饗祼之分,先儒之說,殆其是矣。惟先儒言饗禮,或不及祼事,其及祼事者,則多以禮賓之祼當之,此說則又混禮祼、饗祼於無別矣。陳祥道《禮書》卷八十五「十二獻、九獻」條,黃以周《禮書通故》卷二十四「饗禮通故」,以及楊寬《古史新探・鄉飲酒禮與饗禮新探》中,俱有此誤說。按禮祼是禮祼,饗祼是饗祼,二者固不容牽合。知者,就〈聘禮〉行禮之節次言之,將幣與禮賓同日,饗食則不同日。《周禮・大行人》賈疏以為朝禮三享畢禮賓,與王速賓來廟中行饗亦異日,即據〈聘禮〉言。又據《周禮・齊僕》迎賓客之法,禮賓與饗食亦不同日,孫詒讓《周禮正義》亦已言之。此禮祼、饗祼不可混同者一也。禮賓者,蓋賓主人行禮既畢,主人待賓之禮。其用意殆不外乎申謝其厚意,惟卿以下無祼,但以醴禮之,而天子待諸侯,或諸侯自相待,則祼鬯為異耳。而饗食乃純乎賓主,其饗之祼,所以獻賓,而寄寓迎賓之來,其義殆有殊異。此禮祼、饗祼不可混同者二也。夏炘曰:「以醴敬賓謂之醴。凡飲

皆有酬酢，醴無酬酢。」（《學禮管釋》卷一頁一二）孫詒讓亦曰：「王禮賓，再祼一祼，祼後別無獻酒，饗賓則祼獻兩有。」（《周禮正義・大行人》注「禮者使宗伯攝酌圭瓚而祼」疏）此禮祼、饗祼不可混同者三也。說詳拙著《饗禮考辨》，茲不贅述。

　　古者諸侯朝覲，入於王庭，天子設饗以飲之，因其爵命而異其禮數，所以別尊卑也。故《周禮・春官・大宗伯》職，既以賓禮親邦國，又以嘉禮親萬民，有饗燕之禮，以親四方之賓客，此王有饗諸侯之禮也。《周禮・大行人》云：「上公之禮，饗禮九獻，侯伯之禮，饗禮七獻，子男之禮，饗禮五獻」，《禮記・郊特牲》云：「大饗，尚腶脩而已矣」，此諸侯來朝，天子饗之是也。據《左傳》所載，王饗諸侯者，凡三見：

　　　　莊公十八年春，虢公、晉侯（獻公）朝王，王（惠王）饗醴。

　　　　僖公二十五年，夏四月戊午，晉侯（文公）朝王（襄王），王饗醴。

　　　　僖公二十八年，夏五月丁未，晉侯（文公）獻楚俘于王（襄王）。

　　　　己酉，王享醴。

就傳文所載三則史實言之，蓋二饗朝見，一饗有功也。

　　若諸侯無事，則閒王朝之事而相朝，有郊勞饗燕之事，以習禮樂，相接以敬讓，所以交兩國之好。故《大戴禮記・朝事》云：「諸侯相朝之禮，君親致饗還圭，饗食，致贈，郊送，所以相與習禮樂也。」此諸侯有相饗之禮也。據《左傳》所載，諸侯相饗者，凡一十七見。惟就傳文所言，其緣由頗不一致。相朝者七，盟者一，過境者三，報謝者二，圖謀者三，新台落成者一，說詳拙著《饗禮考辨》。僖公二十二年，冬十一月，楚成王入於鄭都，鄭文公為報謝楚人伐宋以救鄭，乃以「上公之饗禮九獻」以待之，此兩君相饗，獻數之可徵者也。饗禮九獻者，再祼後有七獻。二祼即九獻中之前二獻，以酌鬱鬯以獻者是也。

　　楊寬〈鄉飲酒禮與饗禮新探〉云：

　　　　饗禮的獻賓之禮，不僅比鄉飲酒禮次數增多，而且在開始獻酒之前，還有所謂「祼」，這是一種最隆重的獻禮的序幕，只有在饗禮和祭禮中才有。「祼」也叫做「灌」，就是用鬱鬯來灌，讓賓客嗅到香氣。《禮記・禮器》說：「諸侯相朝，灌用鬱鬯，無籩豆之薦。」因為「灌」在「獻」之前，還沒有把食物陳設出來。《禮記・郊特牲》說：「至敬不饗味，而貴氣臭也。諸侯為賓，灌用鬱鬯，灌用

臭也。」這種「貴氣臭」的「至敬」的禮，只給賓客嗅到香氣，也不是給飲的。「裸」只有在饗禮和祭禮應用，同樣是用來表示隆重的敬獻之意的。(《古史新探》頁二九七、二九八)

楊伯峻《春秋左傳注》據楊說，於襄九年「君冠，必以裸享之禮行之」下注云：

　　裸亦作灌，以配合香料煮成之酒倒之于地，使受祭者或賓客嗅到香氣。此是行隆重禮節前之序幕。

　　楊寬說「裸，就是用鬱鬯來灌，讓賓客嗅到香氣，不是給飲的」，楊伯峻之《春秋左傳注》更進而以為是將鬱鬯香酒傾倒於地，使賓客嗅到香氣，此與宗廟祭祀降神之灌儀無不同。按斯說蓋有未然也。考諸漢儒經注，不見有鬱鬯不可飲之言，逮乎《周禮》賈公彥疏，乃有「鬯酒非可飲之物」之說（見〈鬯人〉疏）。《周禮‧大行人》「再裸」，鄭注云「再飲公也」，是知鄭氏於朝享禮畢，王以鬱鬯灌賓，實謂以鬱鬯飲賓。此明明是灌人，非灌地也。林昌彝《三禮通釋》卷百三十二「裸禮」條下，謂「凡內外祭祀之齊，王皆飲鬯可知」，其說殆非無見。

　　夫裸禮所以灌地求神，當在正祭九獻之前，此則聖人制禮之意，文獻資料所見如此。若夫宗廟九獻，初獻尸亦謂裸尸者，蓋以其亦酌鬱鬯故也。黃以周《禮書通故》之說是矣。是故九獻之前二獻，亦名二裸，其實二裸為飲尸，非如先儒所謂「酌鬱鬯獻尸，尸受灌地降神也」。此皆已見前論，茲不贅述。

　　至若賓客之裸事，亦有禮裸與饗裸之分，此已見前說。惟饗禮九獻，此飲獻之數，是否包含二裸，抑或二裸在飲獻之數之外，前儒之說，則有歧異。

　　《周禮‧大行人》「饗禮九獻」，賈疏云：

　　謂後日王速賓，賓來就廟中行饗。饗者，享大牢以飲賓。九獻者，

　　王酌獻賓，賓酬主人，主人酬賓，酬後，更八獻，是九獻。

按《周禮‧內宰》：「凡賓客之裸獻、瑤爵，皆贊」，賈疏云：「裸謂行朝覲禮訖，即行三享之禮，三享訖，乃禮賓戶牖之間。獻謂饗燕賓客，后亦助王獻賓。」又云：「后之裸者，饗燕亦與焉」，是賈說饗禮有裸，而朝享畢禮賓之裸，與饗禮之裸有殊。其說饗禮九獻，既不及二裸，則賈以二裸在九獻之外，蓋可推知也。孫詒讓謂賈說饗獻無裸（見〈人大行人〉「饗禮九獻」疏），殆

有未然。此一說也。

　　《周禮‧大行人》云：「上公之禮，廟中將幣三享，王禮再祼而酢，饗禮九獻。諸侯之禮，廟中將幣三享，王禮壹祼而酢，饗禮七獻，諸伯如諸侯之禮。諸子廟中將幣三享，王禮壹祼不酢，饗禮五獻，諸男如諸子之禮。」王禮再祼一祼者，此謂諸侯朝王，朝覲之日，三享既畢，王乃以鬱鬯之酒禮賓也。據〈大行人〉，此唯有祼酢而不獻。所謂禮祼是也。而前儒或有以此朝享畢禮賓之祼，謂即饗禮之祼者。陳祥道《禮書》卷八十五云：

> 先儒謂大祫十有二獻，四時與禘九獻，上公亦九獻，侯伯七獻。《周官‧掌客》諸侯長十有再獻，〈大行人〉上公再祼，饗禮九獻，侯伯一祼七獻，子男一祼五獻，諸侯之卿，各下其君二等以下及其大夫士亦如之，則饗賓祀神之獻數，固不異矣。〈大行人〉上公再祼，而祼不預於九獻，侯伯子男一祼，而祼亦不預於七獻、五獻，則先儒以二祼在九獻之內，非也。

細審陳意，其雖未逕指再祼一祼，即為饗禮之祼，然其合〈大行人〉上公再祼九獻，侯伯一祼七獻，子男一祼五獻，為王饗五等諸侯之祼獻數，較然明白。易言之，即以朝享畢禮賓之祼為饗禮之祼也。黃以周《禮書通故》卷二十四〈燕饗通故〉，楊寬〈鄉飲酒禮與饗禮新探〉亦持此論。此二說也。

　　秦蕙田《五禮通考》卷一百五十六云：

> 饗禮之祼，經無明文。以禮賓之節推之，上公九獻，則王一獻，后亞獻，皆祼。侯伯七獻，子男五獻，則惟王祼而已。記云：「獻之屬莫重於祼。」大饗者，賓客之大禮，共十二獻、九獻、七獻，與事神同，亦必有祼明矣。

孫希旦《禮記集解》卷十四云：

> 饗禮雖亡不可考，宗廟之祭謂之大饗，賓客之重禮亦謂之大饗，蓋其禮大略相似，始而灌，次朝踐，次饋食，食畢而酳，而以尊卑為獻數。〈內宰〉職「大祭祀，后祼獻則贊，瑤爵亦如之」，鄭云：「酳尸，后亞獻，爵以瑤為飾。」〈內宰〉又云：「凡賓客之祼獻、瑤爵，皆贊。」是賓客之饗，亦有灌有獻有酳矣。〈大行人〉上公饗禮九獻，侯伯七獻，子男五獻，此自灌至酳之獻數也。（見〈王制〉「夏后氏以饗禮」下）

孫詒讓《周禮正義》卷七十一云：

今考饗禮最盛，兼食燕，當與祭禮相儗。以〈司尊彝〉大祭九獻約之，疑大宗伯攝王初裸，又攝后亞裸，裸後，王與后又以次各三獻而後止。賓食九舉，食後酳爵，又各一獻，眾賓長又一獻，是為九獻。其七獻、五獻亦皆有一裸，可以例推。（〈大行人〉「饗禮九獻」疏）

又云：

凡裸亦通謂之獻，故〈祭統〉以裸為獻之屬，〈內宰〉亦云裸獻是也。此王禮，再裸一裸，裸後，別無獻酒。饗賓，則裸獻兩有。凡九獻者，再裸，後有七獻。七獻者，一裸，後有六獻；五獻者，一裸，後有四獻。經於饗不云裸者，亦以裸獻通言不別也。（〈大行人〉鄭注「禮者使宗伯攝酌主瓚而裸……是謂再裸」下疏）

按秦云「以禮賓之節推之，上公九獻，則王一獻，后亞獻，皆裸」，又引《禮記‧祭統》「獻之屬莫重於裸」證之，是其合裸獻而併數之為九獻，蓋亦可知。孫希旦謂饗禮九獻、七獻、五獻之數，乃自灌至酳之獻數，則其以裸在獻中而合數之，亦憭然無疑。孫詒讓《周禮正義》於秦、孫之說亦嘗有徵引，而謂「饗賓，凡九獻者，再裸，後有七獻。七獻者，一裸，後有六獻；五獻者，一裸，後有四獻」，最為明白。據其說，則〈祭統〉「獻之屬莫重於裸」，〈內宰〉「凡賓客之裸獻、瑤爵，皆贊」，此所謂裸者，乃饗禮九獻中之裸，而非禮賓再裸一裸之謂，秦說亦不異。此三說也。

上述三說，陳祥道謂朝享畢，王以鬱鬯灌賓，即為饗禮之裸，此說之不足據，已具見前述。蓋朝享畢禮賓之裸，乃朝禮中之某一節次，與「設盛禮以飲賓」（〈大行人〉鄭注語）之饗禮之裸有殊，陳氏牽合為一典禮中之同一節次，是不能無誤也。賈疏既以朝享禮裸，與饗禮之裸有別，但說饗禮九獻，則不及二裸，其似以二裸在九獻之外為說，此蓋無佐證可據。按祭禮、賓禮之大饗，其初義蓋本相因，故二禮亦大略相似，此先儒俱無異論也。廟享九獻之初獻尸，亦謂之裸尸者，蓋以其亦酌鬱鬯故也。是祭饗九獻之二裸，乃指初獻、二獻言，亦即九獻中包此二裸。易言之，祭禮九獻始於裸，二裸為正獻之禮也。若夫饗賓九獻，其初獻、二獻亦酌鬱鬯以獻賓，蓋與宗廟九獻之前二獻，酌鬱鬯以獻尸，未有以異。以其初、二獻皆酌鬱鬯以獻，故亦以裸名焉。以大祭九獻推之，饗禮九獻，當無不同。蓋凡裸亦通謂之獻，裸獻通言不別，《禮記‧祭統》云「獻之屬莫重於裸」者，即以此。是知賓客之大

饗，其裸獻之數，當以孫希旦、孫詒讓二家之說最為明確。拙著《饗禮考辨》於「裸在獻內」乙節，針對此一問題，亦嘗詳加論辨，茲不復贅述。

## 第三節　冠禮之裸

裸禮而為冠禮之一儀節，作為冠禮組成之一部分者，據文獻資料所見，惟諸侯之冠禮耳。《左傳》襄公九年云：

> 十二月，公送晉侯。晉侯以公宴于河上，問公年。季武子對曰：「會于沙隨之歲，寡君以生。」晉侯曰：「十二年矣，是謂一終，一星終也。國君十五而生子，冠而生子，禮也。君可以冠矣。大夫盍為冠具？」武子對曰：「君冠，必以裸享之禮行之，以金石之樂節之，以先君之祧處之。今寡君在行，未可具也。請及兄弟之國而假備焉。」晉侯曰：「諾」。公還，及衛，冠于成公之廟，假鐘磬焉，禮也。

杜注：

> 裸，謂灌鬯酒也。享，祭先君也。

孔疏：

> 〈郊特牲〉云「灌用鬯臭」，鄭玄云：「灌謂以圭瓚酌鬯始獻神也。」然則裸即灌也，故云「裸謂灌鬯酒也」。裸是祭初之禮，故舉之以表祭也。《周禮》「祭人鬼曰享」，故云「享，祭先君也」。劉炫云：「冠是大禮，當遍群廟。」

按古者男子二十而冠，其禮今存者，惟《儀禮·士冠》與《大戴禮記·公符》（學海堂本及南菁書院本題作「公冠」）二篇，而〈公符篇〉所載諸侯之冠禮，僅見其梗概耳。若夫天子、大夫之冠禮，則已不得其詳矣。萬斯大《儀禮商》卷一云：「禮不下庶人，故自士以上，一依乎士禮以為之準。雖天子諸侯之子，亦不得異焉。」萬說蓋以為天子諸侯之冠禮，皆以士冠為準，惟禮儀隆殺有殊耳。據〈士冠禮〉，三加之後，有「賓醴冠者」乙節，「若不醴，則醮用酒」，鄭注云：「若不醴，謂國有舊俗可行，聖人用焉不改者也。酌而無酬酢曰醮，醴亦當為禮。」是冠禮醴醮之別，蓋在用醴與用酒之不同，其酌而無酬酢則一也。王國維《觀堂集林·再與林博士論洛誥書》云：「諸侯冠禮之裸享，正當士冠禮之醴或醮」，其說得之。杜預《集解》謂「裸」為「灌鬯酒」，不誤，而釋「享」為「祭先君」，則說有未確。此「享」，蓋

謂饗醴也。易言之，「裸享」者，蓋猶〈周語〉王耕籍田之「裸鬯饗醴」，皆
所以示隆重也。楊伯峻《春秋左傳注》於「君冠，必以裸享之禮行之」下注
曰：

> 裸亦作灌，以配合香料煮成之酒倒之于地，使受祭者或賓客嗅到香
> 氣。此是行隆重禮節前之序幕。

楊氏以為冠禮之裸，與祭裸求神之儀相同，其說殆有未然。蓋諸侯冠禮之裸
享，既當士冠禮之醴或醮，則非傾酒於地甚明。林昌彝、郭嵩燾並謂裸為飲，
蓋得其塙詁也。

## 第四節　籍禮之裸

　　古者籍田之禮中，亦有裸之儀。《國語·周語上》云：

> 王乃淳濯饗醴，及期，鬱人薦鬯，犧人薦醴，王裸鬯饗醴，乃行。
> 百吏、庶民畢從。及籍，后稷監之，膳夫、農正陳籍禮，大史贊王，
> 王敬從之。王耕一墢，班三之，庶民終于千畝……畢，宰夫陳饗，
> 膳夫贊王，王歆大牢，班嘗之，庶人終食。

韋昭注云：

> 淳，沃也。濯，溉也。饗，飲也。謂王沐浴飲醴酒也。期，耕日也。
> 裸，灌也。灌鬯，飲醴，皆所以自香潔也。

　　按〈周語〉王耕籍田，裸鬯饗醴乃行，此非祀事，則裸鬯必非灌地降神
之謂也。韋注「灌鬯，飲醴，皆所以自香潔」，所謂灌鬯，其義猶有未見明
確。林昌彝《三禮通釋》卷百三十二「裸禮」條下，於韋注亦嘗有徵引，而
曰：

> 按此言耕籍之田，三日，齊之三日也。既沐浴矣，而及期乃薦鬯。
> 又云裸鬯饗醴乃行，則裸鬯飲醴，皆飲也，是不獨以浴，亦以飲矣。
> 賈疏謂鬯非可飲之物，誤矣。賓祭皆用之，且秬黍所醴（當作釀），
> 與五齊三酒同，何為其不可飲？由籍田推之，則凡內外祭祀之齊，
> 王皆飲鬯可知矣。

林謂「裸鬯飲醴，皆飲也」，其訓裸猶飲，說蓋有徵。郭嵩燾《禮記質疑》亦
以飲義為說，其言曰：

> 《國語》「及期，鬱人薦鬯，犧人薦醴，王裸鬯，饗醴乃行」，韋昭
> 注：「灌鬯飲醴，皆所以自香潔」，〈投壺〉曰：「當飲者皆跪奉觴曰

賜灌」，注：「灌猶飲也」。然則灌之為訓，乃飲之異名。

按林、郭二氏說是矣。又孫詒讓《周禮正義》之說祼鬯云：「祼之言灌，謂啐之也。」（見〈鬯人〉疏）按孫謂啐之，看似有別，而實亦以灌飲為義。

任啟運撰《天子肆獻祼饋食禮纂》，於「王入廟」節云：

王夙興，肆師築鬱，鬯人共鬯，鬱人薦鬯，犧人薦醴，天府陳盥具。

王祼鬯饗醴，乃出就路車。典路贊駕，齊右陪乘。（卷一頁八）

任云「鬯人共鬯，鬱人薦鬯，犧人薦醴，天府陳盥具。王祼鬯饗醴，乃出就路車」，即據《周禮·鬯人》「凡王之齊事，共其秬鬯」之文，且參《周語》王藉田之禮，以為王齊事有祼鬯之禮。孫詒讓《周禮正義》說同（見〈鬯人〉疏）。任氏於文下自注曰：

祼鬯，以鬯酒浴也。

按鄭注〈鬯人〉此文云：「給淬浴。」賈疏曰：「鬯酒非如三酒可飲之物，大喪以鬯浴尸，明此亦給王洗浴，使之香潔也。」任謂祼鬯為「以鬯酒浴」，蓋本此。其說藉田祼鬯為用鬯酒洗浴，與林、郭、孫說又不同。蓋以典冊無徵，莫能決正，姑以存參。

# 第六章　祼禮所用鬯酒

祼禮用酒，所謂鬱鬯是也。惟在未有鬱鬯之前，亦或以秬鬯為之。考鬯為酒類之一，已箸卜辭。而由商而周，既有秬鬯之名，又有鬱鬯之目。名既不同，物或非一。後之說者，又各出己意，其義遂益為紛歧。至若鬱鬯者，乃鬯之和鬱者也。鬱之為物，漢人皆知為芳草，但又時與來自異域之鬱金香相混，降及元明，猶有謂和秬鬯之鬱（金）草為香料植物之鬱金香者，此固有待於澄清也。因別二節，曰鬱、鬱金與鬱金香，曰鬯、秬鬯與鬱鬯，冀以釐清諸名物之異同焉。

## 第一節　鬱、鬱金與鬱金香

### 一、許說鬱篆當以芳艸為本義

西周金文有 𩰪（〈叔卣〉）、𩰪（〈小子生尊〉）、𩰪（〈孟戴父壺〉）諸字〔註1〕，陳夢家據《集韻》「鬱」之古體作「𩰪」而釋為「鬱」。其言曰：

> 字省鬯，從大不從缶。《集韻》鬱的古體作𩰪，《字彙補》引作𩰪，雖係很晚的字書，卻保存古形。此兩書的鬱字省鬯從司，都和金文極相近似而稍有訛誤〔註2〕。

---

〔註1〕〈叔卣〉見《商周金文錄遺》一六一，該書稱〈叔殷〉，陳夢家《西周銅器斷代研究》稱〈史叔隋器〉。〈小子生尊〉見《金文總集》四八七七，𩰪字誤摹作𩰪，鬯字誤摹作首。〈孟戴父壺〉見《三代》一二、八、一。
〔註2〕見《西周銅器斷代研究》（三），《考古學報》，一九五六、一，頁七七。

于省吾是其說，復據郭忠恕《汗簡》引王存乂《切韻》鬱作「欝」為證，而成〈釋欝〉一文；以為甲骨文已有欝字，字作栆，與〈叔卣〉之欝形同。〈小子生尊〉與〈孟戴父壺〉欝下增多二小橫。其字從林從夰，為鬱之本字。于氏曰：

> 甲骨文已有欝字。第一期甲骨文的「貞，令往欝」（《林》二、一八、一七，即《前》六、五三、五。又《前》六、五三、四，文同而稍殘），欝字作栆，與〈叔卣〉「欝邑」之欝形同。前引〈小子生尊〉和〈孟戴父壺〉的欝字下部多出二小橫，這和春秋時〈弓鎛〉的戒字作戓，以及西周金文尸（夷）字到了晚周作尼，其例正同。至于鬱字，《汗簡》引王存乂《切韻》和《集韻》入迄均作欝，其訛夰為缶，訛彐為司，均由形近所致。

又曰：

> 甲骨文的欝字從林從夰，夰字作夰，上從大下從几，几即伏之本字。由此可見，欝字從夰，下象一人俯伏于地，上象人正立踐踏其背脊。其從林，當是在野外林中。……欝乃鬱的本字。（《甲骨文字釋林》卷下〈釋欝〉）

惟唐蘭不同意陳說，嘗於〈叔卣〉考釋云：

> 欝字從林從夰，即奇字，象騎在人背上，後來騎馬的騎，就是由此發展的。椅即椅字，從林和從木同。《說文》「椅，梓也」，是梓木的一類。此處借作鬱邑的鬱。……陳夢家據《集韻》鬱作欝而釋欝為鬱，實則欝和椅，除從林外，毫不相似。〈肆彝〉有「書卣」，書是書字之省，實即鬱邑之鬱的本字，而欝邑則是椅邑，釋為鬱是錯的。（〈論周昭王時代的青銅器銘刻上編・昭王時代青銅器銘五十三篇的考釋〉）

唐釋欝為椅字，讀作椅邑之椅，周法高以為唐說不可從。其於《金文詁林補》評之曰：「唐說甚怪，又謂欝（椅）借作椅，亦不可信。」〔註3〕至唐氏謂「書是書字之省，即鬱邑之鬱的本字」，就聲韻而言，雖謂可通（更為段氏古音十四部，鬱為十五部），但就形而言，殊涉牽強。且肆彝銘辭「書口巴」三字，說解者不一。郭沫若釋為「邑廿卣」，于省吾則於「邑」下二字未有解

---

〔註3〕見《金文詁林補》，冊三，頁一七〇五。

釋，馬承源主編之《商周青銅器銘文選》則釋作「□戶」，以為地名〔註4〕。唐釋「□卣」，實無充分證據。其說不可從，甚為明顯。李孝定先生亦不以陳說為然，謂□字上不從缶，下不從司，而疑〈叔卣〉「□」，當與上「叔」字連文（〈叔卣〉云：「賞叔□鬯、白金」），而為人名。鬱鬯連文，只見於經傳，而未見於金銘〔註5〕。

　　在唐說之前，吳匡先生曾撰〈說鬱〉一文，本諸陳、于二家之說，而有所補正。以為卜辭□、□為一字。其言曰：

　　卜辭亦有此（□）字，今知亦為鬱字。辭云：

　　　令往□（《前》六、五三、四）

　　　貞令往□（《前》六、五三、五）

　　字于此為地名，地望不詳。卜辭又有□字。辭云：

　　　戊午卜，賓貞：呼雀往于□

　　　戊午卜，賓貞，弗呼雀往于□（《合》三○二）

　　□與□顯為一字，□之增人字偏旁作□，猶棘之增人字偏旁作樊，

　　方名故也。鬱從大林，故為蘊鬱字〔註6〕。

陳、于以□為鬱之初文，吳則以□為初文。一九九○年，吳振武於《中原文物》發表〈說苞鬱〉一文，以為甲骨文有□無□，鬱之初文□，應從大從□為合理，□即苞字。其言曰：

　　「□」（苞）本是草林積聚茂盛的意思；「□」（鬱）字的構形，是

　　在「□」上又加一個「大」，充分表達了林木積聚茂盛之義。（頁三

　　四）

吳氏於文中，臚舉經傳載記訓釋，以證苞有草木叢生或茂盛義，故□（鬱）字從之，說頗詳審。惟又謂甲文□字，可能亦為鬱字，字從大從林，似亦能表示「鬱」字之本義，按此蓋本吳匡先生說，則似兼存「□」可能亦為鬱本字之說。

　　綜觀上述，陳、于釋甲金文之□為鬱之本字，說蓋可從。字之構體，則以吳振武從大從□說為有據。《睡虎地秦簡》四八、六九「鬱」字作□，

---

〔註4〕郭說見《殷周青銅器銘文研究》，卷一，〈戊辰彝考釋〉，頁一一。

　　　　馬說見《商周青銅器銘文選》，冊三，頁四。

〔註5〕參見《金文詁林讀後記》，頁二○一、二○二。

〔註6〕見《金文詁林補》，冊三，頁一七○二引。

從🔣從爵省，即其證。至於吳匡先生謂🔣與🔣為一字，則可備一說。〈小子生尊〉、〈孟戴父壺〉之𦭠字，多出二小橫作🔣、🔣，此殆王筠《說文釋例》所謂彣飾者也。《汗簡》引王存乂《切韻》及《集韻》之古文作🔣，于氏謂缶當為大訛，司當為🔣之訛，吳振武以為從缶當與鬱🔣有關，司當是從秦木板地圖🔣字所從之包訛變而來〔註7〕，說有不同。按《秦漢魏晉篆隸字形表》卷六頁二〇鬱篆下收《馬王堆漢墓帛書・五十二病方》之鬱作🔣，如所摹無誤，則除非是有意識之改造，否則其訛大為缶，適可資佐證。其🔣旁「彡」體，蓋二小橫之訛變，許謂「以彡為飾」者，蓋庶幾近之。

　　《禮記・郊特牲》云：「周人尚臭，灌用鬯臭。鬱合鬯，臭陰達於淵泉。」臭者，謂香氣也；灌者，灌地以降神也；鬯者，秬黍酒也；合者，和也。《日講禮記解義》云：「周人之祭則尚臭，故灌地以鬯臭，必先擣鬱汁以合鬯，是用臭氣求陰，而下達於淵泉也。」（卷二九頁一九）此言周人宗廟祭祀時，必先酌鬱鬯灌地，使香氣通達於地下，以求神之降臨。蓋死則魂氣歸于天，形魄歸于地，而周人先以鬱鬯求諸陰也。簡而言之，周人特別注重香氣，所以召神用鬱鬯之香味也。疑鬱之從鬯作，由鬱草宜以合鬯而起。斯猶爵本象爵形，後乃增意符鬯作🔣（伯公父勺）。且據前述，🔣本為草木積聚茂盛之義，原非草名，以之名草，蓋為假借無疑。易言之，亦即🔣字至少兼有草木積聚茂盛與鬱草二義。蓋以「周人尚臭，灌用鬯臭，鬱合鬯」，故增意符鬯作「鬱」，以為鬱草本字。疑此字之始作，蓋在西周初期以後。而草木積聚茂盛義，則或假鬱草字為之，其後鬱字為借義所專，故別造「鬱」字以還其原。此所以《說文》訓鬱為木叢生，而訓鬱為芳艸也。

## 二、漢儒或稱鬱為鬯

　　《說文》鬯部云：

> 鬱，芳艸也。十葉為貫，百廿貫築以煮之為鬱。从臼冂缶鬯，彡其飾也。一曰鬱鬯，百艸之華，遠方鬱人所貢芳艸，合釀之以降神。鬱，今鬱林郡也。

據許說，鬱字蓋有三解：一為草名，一為鬱鬯名，一為貢草地名。《周禮・春官・鬱人》：「和鬱鬯，以實彝而陳之。」鄭司農注云：「鬱，草名。十葉為貫，百二十貫為築以煮之鐎中，停於祭前，鬱為草若蘭。」《禮記・郊特

牲》孔疏引馬融云：「鬱，草名，如鬱金香草，合為鬯也。」鄭司農、馬融以鬱為草名，與《說文》前說同。又《水經・溫水注》引應劭《地理風俗記》云：「《周禮》鬱人和鬱鬯，鬱，芬草也，百草之華，煮以合釀黑黍以降神者也。或說今鬱金香，是也。一曰鬱人所貢，因氏郡矣。」（卷三六頁一四）據應氏所引三義，其第一義以鬱為芳草，亦與《說文》前說不異。是鬱為草本植物，蓋無疑義。惟漢儒說經，又有鬯草之名。據文獻資料所見，以鬯為草本植物之稱者，大抵為漢人之說，且以《詩經》毛傳為最早。《詩・大雅・江漢》：

> 釐爾圭瓚，秬鬯一卣。

毛傳云：

> 秬，黑黍也。鬯，香草也。築煮合而鬱之曰鬯。

鄭眾注《周禮》，亦取以為說。〈春官・鬯人〉：

> 凡王弔臨，共介鬯。

鄭玄注引鄭司農云：「鬯，香草。」是也。又班固《白虎通・考黜篇》引《王度記》云：

> 天子鬯，諸侯薰，大夫苣蘭，士蕭，庶人艾。

鬯與薰、蘭等並言，是亦為香草名可知。按《王度記》，劉向《別錄》以為「似齊宣王時淳于髡等所說也」（見《禮記注疏》卷四三頁二孔疏引），然劉氏以疑似之辭著之，實亦未敢遽信也。是《王度記》一書，其撰者為誰，固猶待考證，其時代殆亦難以確定。除此而外，見諸他書者，如《尚書中候》云：

> 鬯草生郊。（《詩・江漢》孔疏引，頁六八七）

《禮緯》云：

> 鬯草生庭。（《周禮・鬯人》賈疏引，頁三〇一）

《說苑・脩文篇》云：

> 天子以鬯為贄，鬯者百草之本也，上暢於天，下暢於地，無所不暢，
> 故天子以鬯為贄。

《論衡・儒增篇》云：

> 周時天下太平，越裳獻白雉，倭人貢鬯草。食白雉，服鬯草，不能
> 除凶。

據上所引，則似鬯為草名，恐無從置疑。但考諸歷代本草，草無名鬯者；稽

之兩周彝銘，以及殷商刻辭，亦無例證可驗。鬯為香草之名，率見漢人之經說傳記，故持異議者有之。《詩·大雅·江漢》孔疏引晉孫毓《毛詩異同評》云：

> 鬱是草名，今之鬱金，煮以和酒者也。鬯是酒名，以黑黍和一秬二米作之，芬香條鬯，故名曰鬯。鬯非草名，古今書傳，香草無稱鬯者，箋說為長。

孫謂「古今書傳，香草無稱鬯者」，其說雖然稍嫌武斷，但鬯原非香草，而是酒名，說殆是也。惟唐人義疏，對鬯之為草，率多曲為證成，而不從孫評。《詩·江漢》孔疏云：

> 鬯非草名，而此傳言鬯草者，蓋亦謂鬱為鬯草。何者？《禮緯》有秬鬯之草，《中候》有鬯草生郊，皆謂鬱金之草也，以其可和秬鬯，故謂之鬯草。毛言鬯草，蓋亦然也。

《周禮·春官·鬱人》賈疏亦云：

> 云鬱為草若蘭者，案《王度記》云：「天子以鬯，諸侯以薰，大夫以蘭芝，士以蕭，庶人以艾。」此等皆以和酒。諸侯以薰，謂未得圭瓚之賜，得賜則以鬱耳。《王度記》云天子以鬯，及《禮緯》云鬯草生庭，皆是鬱金之草，以其和鬯酒，因號為鬯草也。

孔、賈二氏謂鬯草皆是鬱金之草，以其可和鬯，因號為鬯草。後世學者，若陳奐之《詩毛氏傳疏》、劉文淇之《春秋左氏傳舊注疏證》，均據以說[註8]。孫詒讓《周禮正義》云：「案鬯與鬱別，逸禮及《禮緯》並以鬱為鬯草者，散文得通也。」（〈鬱人〉疏，第六冊頁一四九一）劉師培《周禮古注集疏》亦云：「鬱鬯為一物，謂煮鬱為鬯，故鬱之與鬯，亦得通稱。」（卷一九頁二）孫、劉之說，與孔、賈之義，並無二致。宋陸佃《埤雅·釋草》，既錄鬱草，又收鬯草，別鬱鬯為二，其疏失又遠矣[註9]。

綜而言之，鬱為草名，而鬯為酒類之一種，檢諸甲骨刻辭，以及姬周款識，足為徵焉。二物本不相同，古人所以混合為一者，蓋緣鬱可和鬯，而漢緯候又多言符瑞非常草，故以鬱為鬯草，而遂有「鬯，香草」之訓。是知漢儒而後，研究本草之書籍，略無鬯草一物，亦不見有鬱金一名鬯之記載，蓋

---

[註8] 陳說見《詩毛氏傳疏》，卷二五頁四二。
　　　劉說見《春秋左氏傳舊注疏證》，頁四二五。
[註9] 參見《埤雅》卷一八頁一○至一二。

良有以也。

## 三、鬱與鬱金香有別

經籍所載鬱草，單稱鬱，不稱鬱金。鬱又名鬱金，稽諸載記，蓋出自漢儒之說，前此則無徵焉。史游《急就篇》云：

鬱金半見霜白蒿。

鬱金一辭，殆始見于此。顏師古注曰：「自此已下，皆言染繪之色也。」又曰：「鬱金，染黃也。」按鬱草之地下根莖，含有黃色色素，可作染料。顏說「鬱金，染黃也」，乃就此物之功能言之。是史游所謂鬱金，即為鬱草，蓋可知也。鄭玄注禮，亦稱鬱為鬱金：

《周禮·序官·鬱人》，鄭注：「鬱，鬱金香草，宜以和鬯。」

《周禮·春官·鬱人》：「凡祭祀賓客之裸事，和鬱鬯以實彝而陳之。」

鄭注：「築鬱金煮之，以和鬯酒。」

蔡邕《月令章句》、《詩緯含神霧》之說咸同：

隋杜臺卿《玉燭寶典》引《月令章句》云：「鬱金香草，釀以秬黍，是為秬鬯。」（卷二頁一○）

《古今圖書集成·草木典》引《詩緯含神霧》云：「鬱金，十葉為貫，百二十葉采以煮之為鬯，合芳物釀之以降神。」（頁一五七三）

從上述知，漢儒以鬱金為鬱草之別稱，極為清楚。自斯而後，治詩說禮以及研究本草者，率多據從。孫毓謂「鬱是草名，今之鬱金」，即是最好之證明。特以鬱草亦稱鬱金，致使漢儒及後世學者，又時混鬱金與鬱金香而無別，此一現象又不可不辨也。蓋鬱金香一物，乃來自異域。其始來中土之時，或即稱鬱金。以其與漢儒訓芳草之「鬱金」，名稱相同，因以混淆。李時珍於《本草綱目》卷一四「鬱金」條下曰：

鬱金有二：鬱金香是用花，此是用根者，其曲如薑，其根大小如指頭，長者寸許，體圓有橫紋，如蟬腹狀，外黃內赤，人以浸水染色，亦微有香氣。

又於「鬱金香」條下曰：

《一統志》載柳州羅城縣出鬱金香，即此也。《金光明經》謂之茶矩摩香。此乃鬱金花香，與今時所用鬱金根名同物異。唐慎微《本草》收此入彼下，誤矣（同卷一四）。

李氏謂鬱金有二，其說是也。鬱金香是用花，「此是用根者」，即典籍所謂鬱也。鬱（鬱金）之為物（見圖版一），前人著作頗多論述。于景讓嘗為〈鬱金與鬱金香〉一文，對其形態，敘述尤為詳盡。其言曰：

> 亞洲所植的染料植物有鬱金（Curcuma Longa L.）。這鬱金是蘘荷科（Zingiberaceae），高一至一·五公尺的多年生草本。葉有長柄。葉身作長橢圓形或長披針形，長約四五至六〇公分。一株約有十葉。葉黃綠色或綠色，薄而柔軟，葉面及葉背皆無毛。在夏秋間，自葉柄叢中抽出橢圓形或圓錐形的花穗。花穗不長，花梗頗堅硬。苞淡綠色，橢圓形，作鱗片狀。苞內有二至三花。萼筒形，不齊，邊緣有鈍齒。花冠漏斗形，白色或黃色。不結實。地下莖節間短，有輪節，外皮褐色或黃褐色，內部作有光澤的橙黃色。

又曰：

> 鬱金與薑黃，在形態上很難區別。其可作區別者，祇有二點：其一，鬱金葉面葉背皆無毛，而薑黃葉背有毛；其二，鬱金是在夏季秋季開花，薑黃是在春季生葉時同時開花〔註10〕。

按鬱金與薑黃，二者之形態，極為類似，且又均有黃色色素，故其區分，迄今猶未一致。于氏以為「其可作區別者，祇有二點：其一，鬱金葉面葉背皆無毛，而薑黃葉背有毛；其二，鬱金是在夏季秋季開花，薑黃是在春季生葉時同時開花。」《現代本草中國藥材學》一書，於鬱金、薑黃二種薑科植物（該書稱之薑科），辨析尤為清楚，而對二者之辨，與于說正相反。其言曰：「鬱金葉背被小柔毛，花於四至七月與葉同出，或先葉而出；薑黃秋季由葉柄的鞘內抽出穗狀花序。」不云薑黃葉背有毛〔註11〕。鬱金、薑黃之辨，已非本題，姑置弗論。

若夫鬱金香一物，蓋來自異域，《藝文類聚》卷八一鬱金條下引《魏略》云：「大秦國出鬱金。」陳藏器《本草拾遺》說同（見《本草綱目》卷一四引）。《太平御覽》卷九八一鬱香條下引楊孚《南州異物志》云：「鬱金者，出罽賓國。」李時珍《本草綱目》卷一四引同。皆其證也。至其形態，則與鬱（鬱金）不同。于氏於其文中敘述甚詳，茲錄之於后，以見其異：

〔註10〕見〈鬱金與鬱金香〉，《大陸雜誌》，第十一卷第二期，頁三三。
〔註11〕見《現代本草中國藥材學》，頁四九〇、頁七〇一。

地下有直徑約為三公分的栗褐色的球莖。花莖上有鞘葉五至六片，扁葉六至九片。鞘葉膜質，有縱紋。扁葉作松葉狀，形長，先端鈍，暗綠色，邊緣稍捲。約在九月時將球莖種下，十月生葉，在十至十一月間，自葉間生出紫堇色的花，花生於花莖的頂端，有香氣。花被作短筒狀，六裂。各裂片作長橢圓形，鈍頭。花喉有毛。雄蕊三，生於花喉上。藥黃色。雌蕊一，花柱上半部三歧，垂下於花瓣間，各分枝的先端，更行細裂，作鮮黃色。花後，結長橢圓形的蒴果。

又云：

鬱金香（Crocus Sativus）的香氣，是從雌蕊柱頭中發生。香氣的成分是 Safranal。香料是用雌蕊柱頭作成，在古時非常名貴〔註12〕。

于氏於鬱（鬱金）與鬱金香二物之分辨，較然明白。李時珍謂鬱金香是用花，藉由于氏之研究，而益得其徵信。

鬱（鬱金）與鬱金香二物之異同，如上所述。然鬱金香之傳入時代，與漢儒對鬱草之解釋，實有密切之關係，此亦不可不辨。鬱之稱鬱金，始見《急就篇》，已見前說。推其命名取義，蓋以其可為染料，且色黃如金，故亦謂之「鬱金」，與來自異域之鬱金（香），蓋無關涉。于景讓對鬱金香之東來，有頗詳盡之敘述。其言曰：

自張騫通西域，中國的絲綢，沿所謂絲綢路線，輸出甚盛。武帝以後，漢室對於西域的政治或武力的控制，容有進退，而民間的商業活動，大概未嘗間斷。東漢明帝以後，正是佛教開始東傳的時期。Safran 是罽賓一帶有名的香料植物，且與佛教有密切的關係。其繁殖是用球莖，球莖頗便於攜帶，故大概在東漢後期，沿交通線的甘肅陝西一帶已稍有栽培。惟球莖繁殖，不如種子迅速，且因是名貴的香料植物，故其栽培可能尚祇限於官庭及一部分貴族的園圃中，而並未深入於民間。……東漢時高階層人士種 Safran，或以為談資時，其所用名稱，大概就是鬱金。然其時一般人士，則對於鬱金（Safran）這一植物，大概尚不甚熟悉〔註13〕。

于氏以為在東漢中葉以後，中國實際上已有鬱金香此一植物。惟據文獻資料

〔註12〕同註10，頁三六。
〔註13〕同上，頁三七。

所見，似應推到東漢前期。《太平御覽》卷九八二引班固〈與弟超書〉云：

　　竇侍中令載雜綵七百疋，市月氏蘇合香。

按班固生於公元三二年至九二年，正當東漢前期。稽之《梁書・扶南國傳》、〈中天竺國傳〉，《周書》、《魏書》及《隋書》之〈波斯傳〉等篇，鬱金、蘇合並舉〔註14〕，悉為西域之香料植物。班書既云「市月氏蘇合香」，則與佛教有密切關係之鬱金，其已東傳中土，蓋亦理之或然也。再者，張騫通西域，以至班氏之生也，相去百五十年，其間商旅往來，日以趨繁。且佛教之輸入，舊說皆以為在東漢明帝之世。然據《後漢書》所載，光武帝子楚王英，業已信佛〔註15〕，可見其輸入必在明帝之前。《魏書・釋老志》載「哀帝元壽元年，博士弟子秦景憲，受大月氏王使伊存口授浮屠經」。據此，則佛教之入中國，蓋在西漢之末，東漢之初，或可確信。準此以論，則東漢前期，中土或有栽植鬱金香，固亦不足以異。而其未為一般人士所熟悉，蓋誠如于氏之所論也。

　　《說文》鬱篆下云：

　　鬱，鬱林郡也。

又《水經・溫水注》云：

　　秦桂林郡，漢武帝元鼎六年更名鬱林郡。應劭《地理風俗記》曰：「鬱，
　　芳草也……一曰鬱人所貢，因氏郡矣。」（卷三六頁一四）

按鬱（鬱金）盛產於南方，據《現代本草中國藥材學》所載，鬱金主要產於四川、廣東、廣西、江西、福建、湖北等地區。漢武帝開闢南方，於元鼎六年更秦桂林郡為鬱林郡，應劭謂「鬱人所貢，因氏郡矣」，其說以郡名鬱林，乃因該地產鬱而名焉，許意蓋亦如此。

　　或謂鬱林郡所出為鬱金香，因以氏郡。此說蓋非。李時珍《本草綱目》「鬱金香」條下云：

　　漢鬱林郡，今廣西貴州潯柳邕賓諸州之地。《一統志》惟載柳州羅城
　　縣出鬱金香，即此也。《金光明經》謂之茶矩摩香，此乃鬱金花香。
　　與今時所用鬱金根名同物異。

---

〔註14〕 見標點本《梁書・扶南國傳》，頁七九○，〈中天竺國傳〉，頁七九八；《周書・
　　　　波斯國傳》，頁九二○；《魏書・波斯國傳》，頁二二七○；《隋書・波斯傳》，
　　　　頁一八五七。
〔註15〕 見標點本《後漢書・光武十王傳》，頁一四二八。

陳啟源《毛詩稽古編》據其說〔註16〕。王筠《說文句讀》亦云：

> 《水經注》，鬱金香，鬱人所貢，因以氏郡。（鬱篆下）

按《水經・溫水注》引應劭《地理風俗記》云：「鬱，芳草也，百草之華，煮以合釀黑黍以降神也。或說今鬱金香，是也。一曰鬱人所貢，因氏郡矣。」據應氏說，鬱草，時人或謂即鬱金香，語意甚為明白。及李時珍撰《本草綱目》，據明《一統志》云「柳州羅城縣出鬱金香」。李氏亦未嘗言漢鬱林郡出鬱金香，但謂漢鬱林郡，即今廣西貴州潯柳邕賓諸州之地而已。至王筠《說文句讀》乃云：「《水經注》，鬱金香，鬱人所貢，因以氏郡。」則以為鬱人所貢者，是鬱金香矣。果如其說，則豈非三代已得鬱金香此草，其說之非，勿庸待辨。

　　鬱金香之傳入中土，其時代最晚當在東漢前期，而其名稱，蓋即為鬱金，約如上述。據此，則二者因名稱相同而混淆，亦大略可說。于景讓曰：

> 鄭謂「鬱為草若蘭」，實則 Curcuma 的形態決不若蘭，就葉形而言，若蘭是 Safran。故據我人的推測：鄭氏或是根據傳說，知有鬱金（Safran）之名，或是在任職司農時，見到過這當時尚甚稀罕的鬱金。但鄭氏對於 Curcuma 的鬱，則不一定十分清楚，祇是傳承師說，知道煮以為液是黃色，用以和鬯，則成為黃流。恰好在傳說中的植物 Safran 是稱曰鬱金，在鬱字下是金字，金黃色，正好將鬱與黃流結合在一處，故鄭氏遂註周禮的鬱字曰：「鬱金香草，宜以和鬯。」〔註17〕

于氏所言，除誤以先鄭、後鄭為一人之外，其餘大致可從。按：謂「鬱為草若蘭」者，蓋鄭司農語，見《周禮・鬱人》鄭玄注引。謂「鬱，鬱金香草，宜以和鬯」者，蓋鄭玄語，見《周禮・序官・鬱人》下注。鄭樵《通志・昆蟲草木略》「鬱金」條下引《周禮・鬱人》注「鬱為草若蘭」，且云：「今之鬱金作焬潘臭，其若蘭之香乃鬱金香，生大秦國。」而于氏亦謂就葉形而言，若蘭者是鬱金（香），據此，則先鄭謂「鬱為草若蘭」，似有以鬱金（香）為鬱之嫌。然鄭司農生當東漢初年，是否已知有鬱金香此物，未敢臆斷。班固《白虎通・考黜篇》云：

> 鬯者，以百草之香鬱金，而合釀之成為鬯。

〔註16〕見《毛詩稽古編》，卷八一頁一〇。
〔註17〕同註10，頁三七。

按古人所稱香草，皆以其華，或以其葉。鬱草之香，主要在其根莖（詳後），而班氏稱其為「百草之香鬱金」者，殊為不類，若以之稱鬱金香，則庶幾近之。《禮記‧郊特牲》孔疏引馬融云：

> 鬱，草名。如鬱金香草。

馬別鬱與鬱金（鬱金香）為二物，其言甚明。且知鬱金（香）為香草植物。又《水經‧溫水注》引應劭《地理風俗記》云：

> 鬱，芳草也，百草之華，煮以合釀黑黍以降神者也。或說今鬱金香是也。

據應氏之兼存或說，則可推知，其時有謂鬱即鬱金（鬱金香），而應氏似亦未能辨識。若夫鄭玄云「鬱，鬱金香草，宜以和鬯」，韋昭解《國語‧周語》「鬱人薦鬯」說同，其所謂鬱金香草者，據鄭箋《詩‧旱麓》「黃流」為秬鬯，知此鬱金香草，蓋謂鬱，非謂鬱金香也。鬱金（香）在漢魏六朝詩文中亦多見，例如：

> △ 朱穆〈鬱金賦〉云：「歲朱明之首月兮，步南園以迴眺，覽草木之紛葩兮，美斯華之英妙。」
>
> △ 晉傅玄〈鬱金賦〉云：「葉萋萋以翠青，英蘊蘊而金黃。」
>
> △ 晉左九嬪〈鬱金頌〉云：「伊此奇草，名曰鬱金，越自殊域，厥珍來尋，芳香酷烈，悅目欣心。」
>
> △ 梁武帝〈河中之水歌〉云：「盧家蘭室桂為梁，中有鬱金蘇合香。」
>
> △ 梁吳均〈行路難〉：「博山爐中百和香，鬱金蘇合及都梁。」
>
> 〔註18〕

左頌言此奇卉來自異域，朱賦言其花以四月，傅賦言其花色正黃，蕭、吳詩中鬱金、蘇合並舉，皆謂此草固非中土所有，乃特指異域之鬱金（香）也。

從上所述，足見漢魏南北朝之儒者，對鬱（鬱金）與鬱金（鬱金香），或能知其分，或混淆莫辨，以迄唐宋元明，展轉成訛而不已。慧琳《音義》卷十八「鬱」下注引《說文》云：「芳草也，鬱金香也，煮之合釀鬱鬯酒以降神

---

〔註18〕 朱賦、傅賦、左頌，並見《藝文類聚》，卷八一頁一三九四鬱金條下引。

梁武帝詩見《全漢三國晉南北朝詩》，冊二，頁一○六三。

吳詩見同書頁一三六一。

也。」竄改許書，而以漢時來自異域之植物，以釋三代固有之鬱草，其誤之
大者，亦莫過於此矣。

## 四、鬯酒用鬱當用其根

鬱草之為用，特就涉及典籍者論之，至其入本草，為藥用，則非本題，
姑置弗論。按李時珍謂鬱金有二，鬱金香是用花，鬱（鬱金）是用根。惟鬱
用地下塊根，漢儒經注不見有此說。其可據者，獨史游《急就篇》有「鬱金
半見霜白蘋」之言，顏師古謂鬱金為黃色染料。其物即採自鬱金之地下塊根
之黃色色素，可用以染食品及織物。此蓋文獻資料所見，言鬱金功能之最早
者，並知古人用其根莖也。

其次，謂用其葉，此說出自鄭司農。

鄭注《周禮·鬱人》引鄭司農云：

> 鬱，草名。十葉為貫，百二十貫為築以煮之鐎中，停於祭前。鬱為
> 草若蘭。

段玉裁以為《周禮》今本注「百二十貫」之下衍「為」字」（見《說文》鬱篆
下注），其說是也。許慎《說文》云：「鬱，芳艸也。十葉為貫，百廿貫築以煮
之為鬱。」即本此。按周人祭祀，裸用鬱鬯，而鬱草所用之部分，據先鄭義，
則為其葉。先由肆師將百二十葉之鬱葉，用杵築擣以發其香，再煮之鐎中以
出其味。惟古人所稱香草，皆以其華，或以其葉。漢儒既以鬱為芳草，先鄭
亦謂鬱為草若蘭，如先鄭用葉之言，則其葉必香。惟據後儒研究，鬱之為草
不香，宋寇宗奭《本草衍義》、元朱震亨並有是說〔註19〕。鬱金（鬱）之香，
乃得自其塊根。李時珍所謂「其根外黃內赤，人以浸水染色，亦微有香氣」，
是也。日本學者林巳奈夫據目驗，謂鬱金之葉加以蔭乾之後，帶有與新生薑
相似之清爽芳香〔註20〕，因以為說。按薑科植物，其葉微有香味，或如林氏
之所言。惟鬯所以必用鬱和，乃在使灌地之鬱鬯，香氣滋甚，令通達於地下，
以求神之降臨，其作用本在於此。其葉縱有微香，然鬱金之香味，主要在其
根莖，今捨根莖而就葉，此不可理解者也。是鄭司農鬱草用葉之說，蓋不能
無疑。

〔註19〕見《本草綱目》卷一四「鬱金」條下引。
〔註20〕參見〈殷西周時代禮器の類別と用法〉，《東方學報》（京都），第五三冊，頁
　　　　一〇。

其三，謂用其華，此說蓋肇自許慎，而後儒或以為即鬱金香之華。

《說文》鬯篆下云：

> 一曰鬱鬯，百艸之華，遠方鬱人所貢芳艸，合釀之以降神。

又《水經‧溫水注》引應劭《地理風俗記》云：

> 《周禮》鬱人和鬱鬯，鬱，芬草也，百草之華，煮以合釀黑黍以降
> 神者也。或說今鬱金香，是也。

按《說文》鬯篆下，凡列三義，一為草名，一為鬱鬯名，一為貢草地名。其第
二義，所謂「百艸之華，遠方鬱人所貢芳艸」，段玉裁以為「凡言鬱鬯者，用
中國百艸之華，及遠方鬱人所貢芳艸，二者合而釀之」，按如段氏所言，則鬱
鬯與穀類無涉，漢儒未嘗有是言也。據鬯篆前二說，既言「鬯芳艸也」，又云
「遠方鬱人所貢芳艸」，則知此二者必然有別；且許氏此言，未嘗不可解釋為
百艸之華，即遠方鬱人所貢之芳艸，亦即所謂鬱金香。按陳藏器《本草拾遺》
云：

> 鬱金香，入諸香藥用之。《說文》云：鬱，芳草也。十葉為貫，抒以
> 煮之，用為鬯，為百草之英，合而釀酒，以降神也。（見吳其濬《植
> 物名實圖考長編》上冊頁六九六引）

陳云為百草之英，實即謂鬱金香也。又李時珍《本草綱目》卷十四「鬱金香」
條下引楊孚《南州異物志》云：

> 鬱金出罽賓國，人種之先以供佛，數日萎，然後取之。色正黃，與
> 芙蓉花裏嫩蓮者相似，可以香酒。

據此，可知鬱金香可以香酒，而所用部分即其花也。又據應劭引或說，則亦
可知漢人或以鬱金香為鬱。許慎雖然博徵通識，蒐羅多方，但傳聞或異，師
說有殊。故於疑殆，則疑載疑，兼存別說。其書鬯篆第二義，蓋以此。胡承珙
《毛詩後箋》嘗引許書此義，亦謂即鬱金香。其言曰：

> 此則後鄭注所謂鬱金香草者，在《說文》乃別一義，似非三代所有。

（卷二五，頁六九）

據前人著述所見，釋「築鬱金，煮之以和鬯酒」（《周禮‧鬱人》鄭玄注語）
之鬱金，為鬱金香者，亦不乏其人。明胡廣《詩經大全‧大雅‧旱麓》，據朱
傳釋黃流為鬱鬯，且引《本草注》云：

> 鬱金草，其花十二葉，為百草之英，三月有花，狀如紅藍，煮之用

為鬯，合而釀酒，以降神也。（卷一六頁三七）

《大全》引《本草注》，與陸佃《埤雅》引《本草》說鬱金香之形態同〔註21〕。又衛湜《禮記集說》引馬睎孟曰：

> 鬯者，以秬黍合鬱草而為之，既成，然後和之以鬱金汁。（卷六八頁二）

馬說鬯之為物，是先以秬黍合鬱草為之，然後再和之以鬱金汁。據此可知，馬氏別鬱草與鬱金為二物，較然明白。則其所謂鬱金，乃指鬱金香甚明。

綜觀上述，經典「築鬱」之「鬱」，說者以為即來自異域之鬱金，探其原始，實肇自許書，蓋可說也。

就中土固有之鬱草言，所用者實為其根，非葉亦非華也。據于景讓〈鬱金與鬱金香〉一文及《現代本草中國藥材學》所述，知鬱（鬱金）之地下塊根，含有薑黃素（Curcumin, $C_{21}H_{20}O_6$），含量約為百分之零點三，色黃而芳香。「現用加利粉的黃色，即係用鬱金地下莖的色素所染。如用葉煎煮，得不到黃色。」（于氏語）宋羅願《爾雅翼·釋草》「鬱」條下云：

> 鬱，鬱金也。其根芳香而色黃。古者釀黑黍為酒，所謂秬者，以鬱草和之，則酒色香而黃，在器流動。《詩》所謂黃流在中者也。（卷八頁二）

羅說鬱金，其根芳香而色黃，蓋深得其究竟。而以《詩·大雅·旱麓》「黃流在中」之「黃流」，謂即秬酒和鬱而成，故色香而黃，盡反毛傳舊說，是能尋究物理，而求其得名之所以然者也。時朱熹為《詩集傳》，亦謂黃流為鬱鬯，並同羅說。王夫之《詩經稗疏》云「所謂鬱者，非世之所謂鬱金（香）」，其說不誤。然以朱說為不知何據，甚謂朱子「或因誤讀白虎通」、「割裂古文」〔註22〕，其維護毛說而非朱傳，亦過矣。《詩·旱麓》「黃流」，毛傳云：「黃金所以飾流鬯也。」（孔疏：瓚者，盛鬯酒之器，以黃金為勺，而有鼻口，鬯酒從中流出，故云黃金所以流鬯。以器是黃金，照酒亦黃，故謂之黃流也。）惟鄭玄不從毛說，而釋黃流為秬鬯。孔氏疏通其義，曰：「鬯者，釀秬為酒，

---

〔註21〕見《埤雅》，卷一八頁一〇。

〔註22〕王夫之云：「《集傳》曰：『黃流，鬱鬯也。釀秬黍為酒，築鬱金煮而和之。』《白虎通》曰：『鬯者，以百草之香鬱金，合而釀之。』所云金合者，以金為合釀之器也。朱子連金於鬱以為句，加築於秬黍為酒之下，易合釀為煮和，遂謂先以秬黍為酒，搗築鬱金為末，置酒中煮之，以變酒色使黃，而謂之黃流，割裂古文，其誤甚矣。」見《詩經稗疏》，卷三頁一一。

以鬱金之草和之，使之芬香條鬯，故謂之秬鬯。草名鬱金，則黃如金色，酒在器流動，故謂之黃流。」鄭說秬鬯，即孔疏所謂鬱鬯。然則鄭氏蓋明白鬱草乃用其根莖者也。今取後世學者之研究所得，以印證鄭箋之義，若合一契，則鬱金用根之說，似可無疑。疑鄭司農謂鬱草用葉，或涉鬱金根莖可為染繪之物而然。

## 第二節　鬯、秬鬯與鬱鬯

### 一、鬯、秬鬯、鬱鬯異說

鬯，卜辭習見，西周金文則有鬯，有秬鬯，而〈小子生尊〉、〈叔卣〉二銘，又有鬱鬯之目。《易》、《詩》、《書》、《左傳》或稱鬯，或稱秬鬯，而鬱鬯一名，止見於《周禮》與《禮記》。名既有殊，其義亦未必盡同。稽諸載籍，鬯、秬鬯及鬱鬯之義，漢代師說既已紛歧，後儒又各宗其所是，遂使三物之名義，紛淆而難明。惟其間或同中有異，或異中有同，或為一說之支衍流派，蓋亦可以推知。今就所見，臚列如后：

#### （一）鬯

##### 1. 築煮鬱草為鬯

> △《周禮·春官·肆師》：「祭之日，表齋盛，告絜；展器陳，告備；及果，築鬻。」鄭注引鄭司農云：「築者，築香草，煮以為鬯。」

築，《說文》木部云擣也，香草者鬱也。《周禮·鬱人》鄭注引鄭司農云：「鬱，草名。十葉為貫，百二十貫為築以煮之鑊中，停於祭前。」是據先鄭說，鬯之為物，蓋由鬱草擣煮而成，不和以他物。其製法，是先將百二十葉之鬱葉，用杵築擣以發其香，再煮之鑊中以出其味，即告完成。然則先鄭所謂鬯者，實為鬱汁，非酒之屬也。故許氏《說文》鬱篆釋義，雖云本諸先鄭，然許說則云「鬱，芳艸也。十葉為貫，百廿貫築以煮之為鬱。」按許說蓋得其實。又按周人鬱鬯所用鬱草，據後儒對該植物之研究，似為其塊根，先鄭謂用其葉，不知何據。此已見前說。

##### 2. 秬酒為鬯

> △《易·震》：「震驚百里，不喪匕鬯。」鄭注：「鬯，秬酒，芬

芳條鬯，因名焉。」

△《周禮·序官·鬯人》下鄭注：「鬯，釀秬為酒，芬香條暢於
上下也。」

△《禮記·王制》：「諸侯賜圭瓚然後為鬯。」鄭注：「鬯，秬酒
也。」

△ 孫毓《毛詩異同評》：「鬱是草名，今之鬱金，煮以和酒者也。
鬯是酒名，以黑黍和一秠二米作之，芬香條鬯，故名曰鬯。
鬯非草名，古今書傳，香草無稱鬯者，箋說為長。」（《詩·
江漢》孔疏引，頁六八七）

### 3. 秬釀鬱草為鬯

△《詩·江漢》：「釐爾圭瓚，秬鬯一卣。」毛傳：「秬，黑黍也。
鬯，香草也。築煮合而鬱之曰鬯。」

△《說文》鬯部：「鬯，以秬釀鬱草，芬芳攸服以降神也。从凵，
凵，器也。中象米，匕所以扱之。易曰：『不喪匕鬯。』」

△《禮記·郊特牲》孔疏引盧植說云：「取草芬芳香者，與秬黍
鬱合釀之，成為鬯也。」（頁五○九）

△《白虎通·考黜篇》：「秬者，黑黍，一秠二米。鬯者，以百
草之香鬱金，而合釀之成為鬯，陽達于牆屋，陰入于淵泉，
所以灌地降神也。」

△《論語·八佾》皇疏：「煮鬱金之草，取汁釀黑秬一秠二米者
為酒，酒成，則氣芬芳調暢，故呼為鬯，亦曰秬鬯也。」

　　毛說築煮，謂築煮鬯草。合而鬱之，據後儒之疏義，蓋有二說。一說合
謂合黑黍，一說築煮香草，合而鬱之曰鬯。依前說，則秬釀鬱草為鬯；依後
說，築煮鬱草為鬯。二說殊異，似以前說為是。毛義蓋言築煮鬯草，又合黑
黍釀作酒而鬱積之，是曰鬯也（此採陳奐說）。傳云合而鬱之，此鬱為鬱積，
不以為鬱（鬱金）草也。是毛說秬鬯，蓋已和鬱矣。孔疏云：「言築煮合而鬱
之者，謂築此鬱草，又煮之，乃與秬鬯之酒合和而鬱積之，使氣味相入，乃
名曰鬯。」按毛傳簡約，其云「合而鬱之」，或釋「合」為秬鬯合鬱，或釋「合」
為鬱釀秬黍，則「合」字又有合釀與和合之不同。孔疏以鬱和秬鬯言，陳奐

《詩毛氏傳疏》以秬釀鬱言。又鬯本殷周酒名，毛傳以為草名者，實謂鬱金之草也。蓋鬱草既用以和秬鬯，而漢儒又惑於《禮緯》「鬯草生庭」、《尚書中候》「鬯草生郊」，以及《王度記》鬯薰芝蘭之屬，故遂謂之鬯草。傳言鬯草者，蓋以此。此亦已論述於前。

### 4. 香酒

△《易‧震》:「震驚百里，不喪匕鬯。」王弼注:「鬯，香酒，奉宗廟之盛也。」

△《史記‧晉世家》集解引賈逵云:「秬，黑黍；鬯，香酒也，所以降神也。」（卷三九，頁二三）

△《左傳》僖公二十八年:「秬鬯一卣。」杜注:「秬，黑黍；鬯，香酒，所以降神。」昭公十五年「鍼鈇秬鬯」，注同。

△《易‧震》:「震驚百里，不喪匕鬯。」《釋文》:「鬯，香酒。」又《書‧洛誥》「予以秬鬯二卣」《釋文》，《禮記‧曲禮下》「凡摯，天子鬯」《釋文》，《禮記‧表記》「粢盛秬鬯以事上帝」《釋文》，並同。

賈、杜並云香酒，又云所以降神，蓋據秬釀合鬱言。知者，《禮記‧郊特牲》云:「周人尚臭，灌用鬯臭。鬱合鬯，臭陰達於淵泉」，賈云所以降神者，即謂此。

## （二）秬　鬯

### 1. 秬酒曰秬鬯

△《詩‧大雅‧江漢》:「釐爾圭瓚，秬鬯一卣。」鄭箋:「秬鬯，黑黍酒也。謂之鬯者，芬香條鬯也。」

△《周禮‧春官‧鬯人》:「鬯人掌共秬鬯而飾之。」鄭注:「秬鬯，不和鬱者。」

### 2. 鬱金香草釀以秬黍曰秬鬯

△ 杜臺卿《玉燭寶典》引蔡邕《月令章句》云:「鬱金香草，釀以秬黍，是為秬鬯。」（卷二，頁一〇）

△《論語‧八佾》皇疏:「鬱鬯，煮鬱金之草，取汁釀黑秬一

秬二米者為酒，酒成，則氣芬芳調暢，故呼為鬯，亦曰秬鬯也。」

△《書‧洛誥》：「予以秬鬯二卣。」孔疏：「以黑黍為酒，築鬱金之草，煮而和之，使芳香調暢，謂之秬鬯酒。」

### 3. 秬鬯者中有煮鬱

△《禮記‧郊特牲》：「汁獻涗于醆酒。」鄭注：「謂泲秬鬯以醆酒也。秬鬯者，中有煮鬱，和以盎齊。」

據鄭此注，則秬鬯亦是兼鬱之通名。然此說殊有可疑，蓋鬯為未和鬱之秬酒，鬱鬯為和鬱者之稱，鄭說如此，而惟此注獨異。《欽定禮記義疏》置此於存疑條下，非無見也〔註23〕。

## （三）鬱　鬯

### 1. 築煮鬱草為鬱鬯

△ 焦循《毛詩補疏》：「以經文考之，〈鬯人〉大喪共鬯以沃尸，王齊共秬鬯以給淬浴，斷無以酒浴者。又臨弔被介鬯酒，則何以言被？〈司尊彝〉『凡六彝六尊之酌，鬱齊獻酌』，注引〈郊特牲〉云『汁獻涗於醆酒』，彼注云：『謂泲秬鬯以醆酒也。獻讀當為莎，齊語也。秬鬯者，中有煮鬱，和以盎齊，摩莎泲之，出其香汁，因謂之汁莎』，〈鬱人〉亦言和鬱鬯以實彝，是鬱鬯必俟和於酒，而鬱鬯非酒也。蓋鬱為香草名，擣煮合而釀成之，謂之鬯，所以釀之用黍，故又曰秬鬯。今人擣諸香草之屑，合之稻米，摶以為佩，俗稱以香料，即鬯之遺制也。」（《皇清經解》卷一一五五頁一三、一四。第十六冊，總頁一二二八六）

△ 劉師培《周禮古注集疏》：「鬱未和秬，稱鬱鬯，秬已和鬱，稱秬鬯。秬鬯為二物，謂以秬合鬱，鬱鬯為一物，謂煮鬱為鬯，故鬱之與鬯，亦得通稱。《詩‧江漢》『秬鬯一卣』，毛傳云：『秬，黑黍也。鬯，香草也。築煮合而鬱之曰鬯。』毛以築煮香草，名之為鬯，故築煮之草，得名鬯草。所云鬯

草，亦謂鬱金。又以草以鬱名，兼取鬱合之鬱為義，與鬯取
條暢為義同，故曰鬱合為鬯。……夫鬯為草名，雖非本義，
然觀于鬱鬯，經得互稱，則知秬必合鬱，始得鬯名，鬱不合
秬，亦得稱鬯。」（卷一九頁二）

焦、劉並以鬱未和秬，稱鬱鬯，秬已和鬱，稱秬鬯。

## 2. 合釀草華及芳草為鬱鬯

△《說文》鬯部云：「鬱，芳艸也。十葉為貫，百廿貫築以煮之
為鬱。一曰鬱鬯，百艸之華，遠方鬱人所貢芳艸，合釀之以
降神。鬱今鬱林郡也。」

許說鬱篆，凡有三義，一為草名，而築以煮之亦名焉，一為鬱鬯名，一
為貢草地名。其第二義，乃以傳聞或異，兼存別說。此義蓋與來自異域之「鬱
金香」草有關，宜非三代所有，斯說殆不足據信。段玉裁注謂「合釀艸華及
遠國芳艸為鬱鬯，不必合秬酒而後為鬯，其說亦非。

## 3. 鬯之和鬱者為鬱鬯

△《周禮·春官·鬱人》：「凡祭祀、賓客之裸事，和鬱鬯，以
實彝而陳之。」鄭注：「築鬱金，煮之以和鬯酒。」

△《論語·八佾》皇疏云：「鬱鬯，煮鬱金之草，取汁釀黑秬一
秠二米者為酒，酒成，則氣芬芳調暢，故呼為鬯，亦曰秬鬯
也。若又擣鬱金，取汁，和莎，沸於此鬯，則呼為鬱鬯。」

鄭注〈序官〉謂「鬯，釀秬為酒」，〈鬯人〉注謂「秬鬯，不和鬱者」，〈王
制〉注，則直以秬酒釋鬯，是鄭氏注義，黑黍之酒自名為鬯，不待和鬱也。
秬酒名鬯，乃取芬芳條鬯之義，故《易·震卦》注、《詩·大雅·江漢》箋及
〈序官〉注，並以芬香條鬯屬秬酒。其詳言之，則謂之秬鬯。又〈鬱人〉注
謂「築鬱金，煮之以和鬯酒」，是築煮香草以和秬鬯，乃為鬱鬯。秬鬯為不和
鬱者，鬯人所掌秬鬯是也；鬱鬯為和鬱者，鬱人掌和鬱鬯是也。義與毛傳異，
而與先鄭說亦不同。

皇疏謂先煮鬱金釀秬為鬯，亦曰秬鬯，更擣鬱金和秬鬯則為鬱鬯。據皇
說，則鬯、秬鬯與鬱鬯三者，其實質殆無殊異。

綜合以上鬯、秬鬯、鬱鬯名義之解說，雖云紛淆錯雜，而大抵可歸納為

如下數端：

（一）築煮鬱草為鬯，此先鄭說也；亦謂之鬱鬯，此焦循、劉師培說也。

（二）秬酒為鬯，詳言之曰秬鬯，此鄭玄說也。

（三）秬釀鬱草為鬯，此毛傳說也。

（四）秬鬯之和鬱者為鬱鬯，此鄭玄說也。

（五）合釀草華及芳草為鬱鬯，此許慎《說文》所引或說也。

　　按許書鬱篆下所引或說，謂百艸之華，遠方鬱人所貢芳艸，合釀之為鬱鬯，此涉及異域芳草，無關乎三代名物，斯說殆不足置辨。若夫其他諸家之論，稽諸卜辭彝銘以及經傳所見，其是非曲直，蓋亦可得而說。茲論述如後云。

## 二、鬯為旨酒非鬱汁之稱

　　鬯為古酒名，說者無異辭。其於殷商之用為祭品，蓋為甲骨卜辭所習見：

登鬯二卣王受祐（《屯》七六六）

丙申卜即貞父丁歲鬯一卣（《甲骨文合集》二三二二七）

貞祖辛歲鬯（《甲骨文合集》二二九九一）

其登鬯自小乙（《甲骨文合集》二七三四九）

丁丑卜貞王賓武丁伐十人卯二牢鬯（《甲骨文合集》三五三五五）

庚辰卜貞王賓祖庚伐二……卯牢鬯無尤（《甲骨文合集》三五三五五）

西周彝銘亦習見錫鬯之文，亦謂之秬鬯：

〈盂鼎〉：「易女鬯一卣。」（《金文總集》一三二八）

〈宜侯矢𣪘〉：「易鬯鬯一。」（《金文總集》二八二八）

〈乍冊䰧尊〉：「公易乍冊䰧鬯。」（《金文總集》四八六四）

〈矢令尊〉：「明公易亢師鬯。……易令鬯。」（《金文總集》四八九三）

〈鳥冊令方彝〉：「明公易亢師鬯。……易令鬯。」（《金文總集》四九八一）

〈盂卣〉：「兮公室盂鬯束貝十朋。」（《金文總集》五四七〇）

　　〈臣辰卣〉：「眾賞卣鬯貝。」（《金文總集》五五〇一）

　　〈呂方鼎〉：「王易呂鉄三卣。」（《金文總集》一二六三）

　　〈白晨鼎〉：「易女鬯一卣。」（《金文總集》一三〇八）

　　〈毛公鼎〉：「易女鬯一卣。」（《金文總集》一三三二）

　　〈彔白戒毀〉：「余易女鬯一卣。」（《金文總集》二八一六）

　　〈師訇毀〉：「易女鬯一卣。」（《金文總集》二八五六）

　　〈牧毀〉：「易女鬯一卣。」（《金文總集》二八五七）

　　〈吳方彝〉：「易鬯一卣。」（《金文總集》四九七八）

稽諸經傳，王以秬鬯賞賜臣工，亦見多例：

　　《書·文侯之命》：「用賚爾秬鬯一卣。」

　　《詩·大雅·江漢》：「釐爾圭瓚，秬鬯一卣，告于文人。」

　　《左傳》僖公二十八年：「己酉，王享醴，命晉侯宥。王命尹氏
　　及王子虎、內史叔興父策命晉侯為侯伯，賜之大輅之服、戎輅
　　之服，彤弓一、彤矢百，玈弓矢千，秬鬯一卣，虎賁三百人。」

鬯為旨酒，用以祭祀神祇，卜辭所記是已。而王亦以之賞賜臣工，使祭其宗
廟，告其先祖。〈江漢〉鄭箋云：「王賜召虎以鬯酒一樽，使以祭其宗廟，告
其先祖」是矣。

　　鬯，亦曰秬鬯。按說文秬篆下云：「黑黍也，一稃二米以釀也。從
鬯矩聲。秬，秬或從禾。」（鬯部）金文秬，或作鬯，作鬯，作鉄，作鉄，蓋皆一
字之異構。其所以從鬯者，以秬可以為鬯酒故也。又秬本為禾屬，故《說文》
重文或從禾作秬，是就秬篆之構體而言，至少可說鬯酒或以黑黍釀成，蓋有
可徵。此其一也。秬酒為鬯，鬯之為義，先儒皆謂取其芬香條暢。按《說文》
香部云：「香，芳也。從黍從甘。」甲骨文香字上部正作　、　（黍）等形。
《禮記·曲禮》下云：「黍曰薌合，粱曰薌萁。」薌者香之後起字，是黍粱
俱以馨香之氣為名。甘者穀之味，香者穀之臭，而穀食之臭，黏者尤甚，故
芳香之香，從黍甘會意。是就香之從黍而作，知秬酒獨擅鬯名，蓋有以也。
此其二也。據甲骨卜辭所載，殷商之農業產品，有黍、麥、靃、秜等多種。
其中則以「黍」最為統治者所重視。商王嘗親自參與種黍、收黍等工作，並
以之祭祀祖先。卜辭習見祭祀所用之鬯，可能即為黍所釀成。《管子·輕重

己》云：「天子祀於太祖，其盛以黍，黍者穀之美者也」，《韓非子・外儲說左》載孔子之言曰：「夫黍者五穀之長也，祭先王為上盛」，是黍為粢盛之貴者，殷周二代，並無殊異。粢盛以黍為貴，酒以黍釀是尚，以祭祖先，以賜臣工，莫不視鬯為最珍貴之酒類。此其三也。陳啟源《毛詩稽古編》以為「鬯義取芬芳條暢，元因鬱草而得名，黑黍之酒，與常酒等，何獨取名於鬯」（《皇清經解》卷八一頁一○），其說蓋囿於先鄭，且不見卜辭彝銘所載資料，故云爾。是知秬酒為鬯，詳言之，則謂之秬鬯。鄭康成謂「鬯為秬酒」，「秬鬯為黑黍酒」，其說不可易。

又按鬱於卜辭作**梵**，西周金文作**梵**（〈叔卣〉），作**梵**（〈小子生尊〉），或作**梵**（〈孟戠父壺〉）。卜辭**梵**，字從大從梵，為林木積聚茂盛之義。字於卜辭為地名。西周金文用作草名，乃為假借。疑鬱之從鬯作，蓋在西周初期以後，且與「周人尚臭，灌用鬯臭，鬱合鬯」有關。蓋以鬱草宜以合鬯，故增意符鬯作「鬱」，以為鬱草本字。斯猶爵本象爵形，後乃增意符鬯作**爵**（〈伯公父勺〉），取意相同。許書鬱訓芳艸，鬱訓木叢生，實則鬱篆當以芳艸為本義。其誤已詳辨「鬱、鬱金與鬱金香」一節，茲不更述。許氏《說文》云：「鬱，芳艸也。十葉為貫，百廿貫築以煮之為鬱。」鬱為草名，故築以煮之之鬱汁，亦呼曰鬱。徵諸西周彝銘，亦有其例可資佐證。

〈叔趯父卣〉：「余兄為女絲小鬱彝。」（《金文總集》五五○八）

〈孟戠父壺〉：「孟戠父乍鬱壺。」（《金文總集》五六八三）

鬱彝，所以裝鬱汁之卣也，鬱壺，所以裝鬱汁之壺也。銘意曉白，無可置疑。蓋合鬯之鬱（按用其根莖），乃先以杵擣碎，再煮之器中，而後盛之以於卣（或壺），以備合鬯之用。「鬱彝」、「鬱壺」者，其明證也。

若夫築煮鬱草為鬯，此為漢儒之說。蓋緣鬱可和秬鬯，而漢緯候又並以鬱為鬯草，此所以《詩・江漢》毛傳，《周禮・鬯人》鄭司農注，皆以香草釋鬯也。毛傳謂鬯為香草，即鬱金。然鬱金無鬯名，故鄭玄箋《詩》，以謂黑黍之酒自名為鬯，不待和鬱也。而孔疏復據孫毓《毛詩異同評》辨之云：

> 黑黍之酒自名鬯，不待和鬱也。鬯人掌秬鬯，鬱人掌和鬱，明鬯人所掌未和鬱也。故孫毓云：「鬱是草名，今之鬱金，煮以和酒者也。鬯是酒名，以黑黍和一秠二米作之，芬香條鬯，故名曰鬯。鬯非草名，古今書傳，香草無稱鬯者。」

按毛氏混鬯與鬱為一，孔氏辨之是已。此亦已見前說。許書鬱篆說義，雖本鄭

司農，然以築煮鬱草為鬱，而不謂之曰「鬯」，是能不拘泥於緯候時尚者也。明乎此，則先鄭築煮鬱草為鬯之說，亦可以憭然矣。約而言之，漢儒既惑於緯候之言，謂鬱為鬯草，而築煮鬯草，因亦名焉。先鄭以築煮鬱草為鬯者，即以此。是知秬酒為鬯，而築煮鬯草亦為鬯，異實同名，乃致混淆。後儒或失細察，據先鄭義，以為秬酒不名鬯，和鬱始為鬯。陳啟源《毛詩稽古編》、焦循《毛詩補疏》、馬瑞辰《毛詩傳箋通釋》、劉師培《周禮古注集疏》等即持此說〔註24〕，而以鬱汁為鬯，亦名之曰鬱鬯。斯猶傳自異域之「鬱金香」，初稱「鬱金」，而鬱草漢人亦稱「鬱金」。此二種植物，漢儒已混淆莫辨，降及元明，仍有學者援「鬱金香」，以說經典之「鬱」，蓋亦沿襲漢儒之疏失也。

劉師培《周禮古注集疏》於《詩・江漢》毛傳嘗有徵引，且云：「築煮香草，名之為鬯，故築煮之草，得名鬯草。所云鬯草，亦謂鬱金。」（卷一九頁二）按劉氏以鬯元本為築煮鬱草之汁之名，其後因以鬱草為鬯草，其說本末倒置，殆有未塙。

綜上所述，知秬酒為鬯，築煮鬱草之鬱汁，則宜名為鬱。〈鬯人〉曰「共秬鬯」，〈鬱人〉曰「和鬱鬯」，是秬鬯可單稱鬯，而鬱未和鬯祇單稱鬱。鬯之與鬱，原本二物。漢儒惑於緯候，稱鬱為鬯草，且以鬱宜以和鬯，因以築煮鬱草為鬯，後儒不察，更以之為鬱鬯，乃致鬯、秬鬯與鬱鬯三者，混淆而難明矣。

## 三、鬱鬯之說以鄭玄禮注為有據

殷商甲骨有「鬯」，西周彝銘有「鬯」、有「秬鬯」，又有「鬱鬯」：

〈小子生尊〉：「小子生易鬱鬯。」（《金文總集》四八七七）

〈叔卣〉：「賞叔鬱鬯。」（《金文總集》五四八一）

經傳所載，《易》言鬯，《詩》、《書》、《左傳》言秬鬯，《周禮》、《禮記》二書除鬯、秬鬯外，亦有鬱鬯：

《周禮・春官・鬱人》：「凡祭祀、賓客之祼事，和鬱鬯以實彝而陳之。」

---

〔註24〕陳說見《皇清經解》卷八一頁一〇（第二冊，總頁一〇二二）。
焦說見《皇清經解》卷一一五五頁一三、一四（第十六冊，總頁一二二八六）。
馬說見《毛詩傳箋通釋》，卷二七頁二八。
劉說見《周禮古注集疏》，卷一九頁二（《劉申叔遺書》第一冊，總頁三一一）。

《禮記‧禮器》：「諸侯相朝，灌以鬱鬯。」

《禮記‧郊特牲》：「諸侯為賓，灌用鬱鬯。」

《禮記‧祭義》：「薦黍稷，羞肝肺首心，見間以俠甒，加以鬱鬯，以報魄也。」

就卜辭、金文，以及經傳所見，此三者中，當以鬯為最早，秬鬯次之，鬱鬯又次之。

依前儒之說，鬱鬯之名義，綜合前節所述，約可別為二類，一曰實質相同而名稱有異，一曰名稱相同而實質有異。後者如焦循、劉師培以築煮鬱草為鬱鬯，《說文》鬱篆下引或說以合釀草華及芳草為鬱鬯是也。按據斯二義，則鬱鬯非酒，殆非宗廟九獻之前二獻所用，其說之不足信從可知也。至於前者，如鄭玄以秬鬯之和鬱者為鬱鬯，許慎以鬯釀鬱草為鬯，蔡邕以鬱金香草釀以秬黍曰秬鬯，此三義，其稱名雖異，而以鬱草與秬黍為之則同。如有所異，則在用鬱合鬯，或鬱與秬釀之不同，而終是以鬱和秬黍之酒，或先或後言之耳。《書‧文侯之命》孔穎達疏義，即持此論（見「用賚爾秬鬯一卣」傳下疏）。然證諸經傳，蓋以鄭康成鬱鬯為「秬鬯之和鬱者」之說為有可徵。

《禮記‧郊特牲》云：

周人尚臭，灌用鬯臭。鬱合鬯，臭陰達於淵泉。……蕭合黍稷，臭陽達於牆屋。

按臭者，謂香氣也；灌者，灌地以降神也；鬯者，秬黍酒也；合者，和也。曰「鬱合鬯」，與下「蕭合黍稷」，同以二物相合。《日講禮記解義》云：「周人之祭則尚臭，故灌地以鬯臭，必先擣鬱汁以合鬯，是用臭氣求陰，而下達於淵泉也」（卷二九頁一九），其說是已。是周人宗廟祭祀所用鬱鬯，蓋先擣煮鬱汁以和合秬鬯，其非以鬱金釀以秬黍。此其一也。

《周禮‧春官‧肆師》云：

祭之日，表齍盛，告潔。展器陳，告備。及果，築鬻。

又云：

大賓客，泲筵几，築鬻。

築鬻者，謂擣築鬱草，煮以為鬱汁，此亦即先鄭所謂鬯者。且依〈肆師〉之文，可以確知，祭宗廟及禮賓客所用以和鬯酒之鬱汁，乃在祭祀之日，或禮賓客時，當場擣煮而成，而非事先所備。又〈鬯人〉云：

掌共秬鬯而飾之。

〈鬱人〉云：

> 凡祭祀、賓客之祼事，和鬱鬯以實彝而陳之。

按祼必用鬯，以鬱金和之，鬱金必築煮然後用，肆師主其築煮之事，鬯人以秬鬯入於鬱人，而鬱人乃以鬱和秬鬯以實於彝，陳於廟中饗賓客及祭處。〈鬱人〉所云「和鬱鬯」者，即和合肆師築煮之鬱，與鬯人所供之秬鬯，而為鬱鬯，乃臨時而成。此其二也。

是知鬱鬯之為物，其為鬱與秬釀，抑或秬鬯和鬱，雖僅是作法之殊異，然以經傳本文證之，乃以鄭注為有據，殆非如許書所云以秬釀鬱草者也。

## 四、鬱鬯涗於醆酒摩莎泲之之說有可疑

秬酒為鬯，或曰秬鬯，鬯之和鬱者為鬱鬯，此已見前說。至於鬱鬯是否必以盎齊涗之，且泲之以茅，則經無明文。鄭玄禮注，乃有此說。《周禮・司尊彝》云：

> 凡六彝、六尊之酌，鬱齊獻酌，醴齊縮酌，盎齊涗酌，凡酒脩酌。

鄭注曰：

> 玄謂〈禮運〉曰：「玄酒在室，醴醆在戶，粢醍在堂，澄酒在下。」以五齊次之，則醆酒盎齊也。〈郊特牲〉曰：「縮酌用茅，明酌也。醆酒涗于清，汁獻涗于醆酒，猶明清與醆酒于舊澤之酒也。」此言轉相泲成也。「獻」讀為「摩莎」之莎，齊語聲之誤也。煮鬱和秬鬯，以醆酒摩莎泲之，出其香汁也。醴齊尤濁，和以明酌，泲之以茅，縮去滓也。盎齊差清，和以清酒，泲之而已。

賈疏曰：

> 凡言酌者，皆是泲之使可酌。此經為泲酒之法，而先鄭皆不為泲酒法，其言無所據，故後鄭不從。

又《禮記・郊特牲》云：

> 縮酌用茅，明酌也。醆酒涗于清，汁獻涗于醆酒；猶明清與醆酒于舊澤之酒也。

鄭注曰：

> 醆酒，盎齊。謂涗秬鬯以醆酒也。獻讀當為莎，齊語聲之誤也。秬鬯者，中有煮鬱，和以盎齊，摩莎泲之，出其香汁，因謂之汁莎。不以三酒泲秬鬯者，秬鬯尊也。

孔疏曰：

> 此一節記人總繹《周禮·司尊彝》涗二齊及鬱鬯之事。「汁獻涗于醆
> 酒」，獻謂摩莎，涗謂涗也。秬鬯之中既有煮鬱，又和以盎齊摩莎涗
> 之，出其香汁，是汁莎涗之以醆酒也。

據此，知鄭注以及賈、孔二疏，俱以〈司尊彝〉「鬱齊獻酌」，即〈郊特牲〉
「汁獻涗于醆酒也」。孫希旦《禮記集解》謂：「此（汁獻涗于醆酒）釋〈司
尊彝〉鬱齊獻酌之說」（見〈郊特牲〉），孫詒讓《周禮正義》謂：「云煮鬱和
秬鬯，以醆酒摩莎涗之，出其香汁也者，即〈郊特牲〉所謂汁獻涗于醆酒也」
（〈司尊彝〉疏），並本鄭注。據鄭說，涗有涗義，故〈郊特牲〉「明水涗齊，
貴新也」，鄭彼注云：「涗猶清也。五齊濁，涗之使清，謂之涗齊。」摩莎者，
《釋名·釋姿容》作「摩娑」，云：「摩娑猶末殺也，手上下之言也。」蓋手
上下搓擦之謂也。〈大射儀〉「兩壺獻酒」，鄭注云：「獻讀為沙，沙酒濁，特
涗之必摩沙者也。」則亦作「摩沙」。鄭注〈司尊彝〉引〈郊特牲〉文，而
曰：「此言轉相涗成也。獻讀為摩莎之莎。煮鬱和秬鬯，以醆酒摩莎涗之，
出其香汁」，孫詒讓疏其義云：「此言築煮鬱草，以和秬鬯，以其太濁，又和
以盎齊，復恐鬱煮築未至，香汁難出，故又用手上下捘搗之，以散發其香汁，
使易出也。」孫述鄭義較然明白。所以必和以盎齊者，鄭云：「不以三酒涗
秬鬯者，秬鬯尊也。」（〈郊特牲〉注）蓋依鄭義，涗鬱以齊，涗齊以酒也。

按《周禮·司尊彝》「鬱齊獻酌」句之詮釋，大抵宋明學者多不從鄭義：

> △ 王安石《周官新義》云：「鬱齊不縮也，獻之而已，故曰獻
> 　　酌。」（卷九頁五）

> △ 王昭禹《周禮詳解》云：「裸用鬱齊，鬱齊不縮，酌以獻之
> 　　而已，故曰鬱齊獻酌。」（卷一八頁二〇）

> △ 易祓《周官總義》云：「凡廟享，裸用鬱齊，謂煮鬱和鬯，
> 　　以為求神之始，酌以獻之而已，故曰獻酌。」（卷一二頁三
> 　　〇）

> △ 朱申《周禮句解》云：「裸用鬱齊，則酌以獻之而已。」（卷
> 　　五頁一三）

> △《周禮集說》（不著撰人）引小傳云：「獻讀如獻莫重於裸
> 　　之獻。鬱齊唯裸用之，於獻最重，故曰獻酌也。」（卷四

頁七三）

△ 王應電《周禮傳》云：「鬱齊主于灌地，不嫌其濁，酌即獻之，故云獻酌。」（卷三上頁三〇）

△ 柯尚遷《周禮全經釋原》云：「裸用鬱齊，用之於始獻，故曰獻酌。」（卷六頁頁七七）

△ 王志長《周禮注疏刪翼》曰：「酒以濁為尊，貴其初也。故鬱齊不縮，醴齊不涗，盎齊涗以清酒，凡酒以水，則愈清而愈遠於初矣。」（卷一二頁一一五）

從上所引，可知不論是「鬱鬯不縮，酌以獻之」，或「裸用鬱齊，酌以獻之」，或「裸用鬱齊，用之於始獻」，其不從鄭注「獻讀為摩莎之莎」之義，則可確定也。清儒姜兆錫之《禮記章義》亦云：「鬱齊獻酌，蓋謂裸用鬱齊，酌以獻之而已」（見杭世駿《續禮記集說》卷五十頁二一引），說同。

又《禮記‧郊特牲》「汁獻涗于醆酒」，鄭注云：「醆酒，盎齊。謂涗秬鬯以醆酒也。獻讀當為莎。秬鬯者，中有煮鬱，和以盎齊，摩莎涗之，出其香汁，因謂之汁莎。」按〈郊特牲〉此注，亦有可疑。蓋鄭氏禮注，鬯為未和鬱之秬酒（亦曰秬鬯），而鬱鬯為鬯之和鬱者之稱，二者分別晝然。而此云「秬鬯者中有煮鬱」，又云「涗秬鬯以醆酒，不以三酒涗秬鬯者，秬鬯尊也」，鄭氏此謂秬鬯，實指「秬鬯之和鬱者」言，即鬱鬯也。然則秬鬯又為和鬱者之通稱，此與其說似有乖違。故後儒詮釋《禮記》此文，亦多摒棄鄭注，而為新解。

△《禮記集說》卷六十八引嚴陵方愨曰：「言汁獻涗于醆酒，即鬱齊獻酌是也。以煮鬱金汁和之，故曰汁，以獻之而不縮，故曰獻。汁言其物也，獻言其事。鬱齊用灌，亦曰獻者，以居九獻之首，故通謂之獻。」又曰：「汁獻尤不若醴齊之濁，故以醆酒涗之而已。」（頁一七）

△《禮記集說》卷六十八引延平周氏曰：「所謂鬱齊獻酌，何也？鬱齊之味尤為薄，而尤非人之所可飲，但著之而已，故為獻酌，即此所謂汁獻涗于醆酒者也。而必涗于醆酒者，蓋汁獻之味薄於醆酒，故以醆酒涗之，其猶醆酒之味薄於清酒，而以清酒涗之也。」（頁十八）

方、周二氏雖以「汁獻涗于醆酒，即鬱齊獻酌」，但以「鬱鬯」說「汁」字，甚明。其意蓋謂以醆酒涗鬱鬯也。又王與之《周禮訂義》引鄭鍔曰：

> 鬱鬯固非齊名，曰鬱齊者，涗鬱必以齊，然後可酌以祼獻。言用齊者，明其不可用酒，蓋鬱為最尊，涗之以酒則近乎淉，涗之以齊，乃所以尊之。（卷三四頁一一）

按《禮記・郊特牲》鄭注云：「醆酒，盎齊」，則鄭鍔謂「鬱齊者，涗鬱必以齊」，齊蓋謂盎齊可知。以涗鬱（按鬱蓋謂鬱鬯）必以盎齊，故謂之鬱齊，是鄭鍔之說與方、周二氏之「以醆酒涗之」，亦無或異。清儒郭嵩燾之《禮記質疑》，於〈郊特牲〉此文下，亦嘗引方愨之說，且云：「此云汁獻涗於醆酒，是以汁獻當鬱齊，不得遽云摩莎。」而姜兆錫之《禮記章義》，更逕釋汁獻為鬱鬯（見《續禮記集說引》），蓋皆以鄭注為不可從也。

由上所述，知鄭注以及賈、孔二疏以後，治禮者於《周禮・司尊彝》「鬱齊獻酌」，與《禮記・郊特牲》「汁獻涗于醆酒」二語中「獻」字，多當如字讀，不依鄭注摩莎涗汁而讀為莎。夫〈郊特牲〉「汁獻涗于醆酒」，其意謂以醆酒涗鬱鬯，學者多無異辭。然「周人尚臭，灌用鬯臭，鬱合鬯，臭陰達於淵泉」，見於《禮記・郊特牲》，「和鬱鬯以實彝而陳之」，見於《周禮・鬱人》，此但言秬鬯和鬱為鬱鬯，而皆無涗於醆酒之事。《論語・八佾》皇疏云：

> 鬱鬯，煮鬱金之草，取汁釀黑秬一秠二米者為酒，酒成，則氣芬芳調暢，故呼為鬯，亦曰秬鬯也。若又搗鬱金，取汁，和莎，涗於此鬯，則呼為鬱鬯。

據皇說，則鬱鬯者，但取鬱金汁和鬯，摩莎涗之而已，是釋「汁獻涗於醆酒」為「鬱鬯涗於醆酒」，實亦未有確鑿之證據，是不免啟人之疑。莊有可《禮記集說》對記文亦有所疑，而別為之說解，曰：

> 醆酒，盎齊也。汁，以明火煮鬱金香草所築之汁也。獻，獻酌也，即泛齊。〈司尊彝〉「鬱齊獻酌」是也。然五齊以濁者為尊，無以齊涗齊之理。記者詞不別白，不可盡信。（卷十一頁二六）

按莊說汁謂鬱金汁，不以為即鬱鬯，較然可見。據莊此說，則似鬱汁先涗於盎齊，非鬱鬯涗於盎齊也。杭世駿《續禮記集說》卷五十引陸奎勳《戴禮緒言》云：

> 汁，鬱金汁也；涗于醆酒，和以盎齊也。

陸說亦與莊同。蓋以記文別無旁證，乃致異詮紛如。亦以無從取證，故其是

非從違，殆亦莫由稽決。鄭注鬱圖涗於釀酒，摩莎泲之之說，當以存疑為是。

## 五、周人廟祭初始或以秬鬯裸神

《禮記・郊特牲》云：

> 有虞氏之祭也，尚用氣。血腥爓祭，用氣也。殷人尚聲。臭味未成，
> 滌蕩其聲。樂三闋，然後出迎牲。聲音之號，所以詔告於天地之間
> 也。周人尚臭，灌用鬯臭。鬱合鬯，臭陰達於淵泉。既灌，然後迎
> 牲，致陰氣也。蕭合黍稷，臭陽達於墻屋。故既奠，然後焫蕭合羶
> 薌。凡祭，慎諸此。

按殷人尚聲，故先作樂以求諸陽，然後迎牲。周禮變於殷，故先求諸陰。所
謂尚臭者，臭謂鬯氣，言先酌鬱鬯灌地以降神，既灌然後迎牲。蓋人之死也，
魂氣歸於天，形魄歸於地，以其歸於地也，故不可不求諸陰，以其歸於天也，
故不可不求諸陽。質言之，殷人宗廟祭祀，降神先用聲樂，而求魂氣於陽，
周人先酌鬱鬯灌地，使香氣通達於淵泉，以求形魄於陰。文獻資料所見如此。
「鬱合鬯，臭陰達於淵泉」者，即灌用鬱鬯是也。所以必擣鬱汁以合鬯者，
蓋鬱根芳香而色黃，擣以煮之以和秬鬯，則酒味益為芳馥甘美，而灌之於地，
則芬馨所達深遠，足以感乎死者之體魄也。此所以周人灌用鬱鬯也，前已有
詳述。

又按鬱字見於西周金文，字作𩰪，作𩰪，鬱之從鬯作，則當在其後。而
金文鬱鬯連文，凡兩見。一見於〈小子生尊〉，一見於〈叔卣〉。二器之時代，
陳夢家《西周銅器斷代》並屬成康之際，唐蘭《西周青銅器銘文分代史徵》
及馬承源主編之《商周青銅器銘文選》則皆屬之昭王時代。若依唐、馬之斷
代，則可以推知，周人以鬱鬯灌地降神，至少可說在西周中期之初已有之。
惟禮者乃由行之有漸，而後始成定制。周禮雖變於殷，而廟祭灌地降神，初
始未嘗不是以秬鬯為之。蓋秬鬯本為享酒，而周人降神或亦用之，此稽諸典
冊，亦有可徵。《詩・大雅・江漢》：

> 釐爾圭瓚，秬鬯一卣，告于文人。

鄭箋云：

> 秬鬯，黑黍酒也。謂之鬯者，芬香條鬯也。王賜召虎以鬯酒一尊，
> 使以祭其宗廟，告其先祖。

此言秬鬯為享酒也。圭瓚者，裸器也，賜秬鬯，而又以圭瓚副焉，則秬鬯亦

用於灌地降神可知也。《書・文侯之命》「用賚爾秬鬯一卣」，孔疏云：「知賜秬鬯者必以圭瓚副焉，此不言圭瓚，明并賜之可知也。」《周禮・鬱人》賈疏亦云：「知有瓚者，案《禮記・王制》云『諸侯賜圭瓚然後為鬯』，《尚書・序》云『平王錫晉文侯秬鬯圭瓚』，皆與秬鬯相將。」是賈、孔並以為王賜秬鬯，亦并以圭瓚賜之，後之學者亦多持此說。是從圭瓚及秬鬯之賜，可知諸侯廟祭，或亦灌以秬鬯，殆無可疑。明乎此，則在未有鬱鬯之前，周王之宗廟祭祀，或用秬鬯以降神，蓋可得而說也。

# 第七章　祼禮相關禮器

## 第一節　擣鬱之器

　　鬱鬯所用之鬱草，漢儒或稱為鬯草。鬱草所用之部分，經無明文。據文獻資料所見，以用葉說為最早。此說始見於鄭司農之注《周禮·鬱人》。鄭注引鄭司農云：

> 鬱，草名。十葉為貫，百二十貫為築以煮之鑊中，停於祭前。鬱為草若蘭。

許慎《說文》鬱篆義訓即本此。先鄭說和鬯酒所用之鬱草，其數量有定，乃以千二百葉之鬱葉為之。其作法，是先將百二十貫之鬱葉擣碎，然後置於鑊中烹煮，而成鬱汁，以為和鬯酒之用。又鬱鬯所用，除用鬱葉外，尚有用其華，或用其根莖二說，據前儒對《詩·大雅·旱麓》「黃流」一詞之詮釋，以及歷代本草與現代植物學者之研究，典籍「鬱鬯」，其製作所用之鬱草，係其根莖，非鬱葉，亦非鬱華。此皆已見前述。

　　鬱葉（按係用鬱之根莖）既須經過築擣，則必當有築擣之器。就典籍所見，築擣之器，則有臼、有杵。《禮記·雜記》：

> 暢，臼以椈，杵以梧。

鄭注云：

> 所以擣鬱也。椈，柏也。

孔疏云：

> 暢謂鬱鬯也。臼以椈，杵以梧者，謂擣鬯所用也。椈，柏也。梧，

　　桐也。謂以柏為臼，以桐為杵，擣鬱鬯用柏臼桐杵，為柏香桐潔白，

　　於神為宜。

陸德明《禮記釋文》云「鬯，本亦作暢」。按鬯暢古通用，《爾雅・釋木》「柏，椈」，郭注引此文正作鬯。漢儒或稱鬱為鬯，此鬯即謂鬱草，非謂鬱鬯也。擣鬱之臼，以柏木為之；擣鬱之杵，以梧桐木為之。所以必用柏梧者，孔穎達謂「柏香桐潔白，於神為宜。」按柏有脂而香，其性堅緻，材理最美。陸佃《埤雅》云：「柏，一名椈，〈雜記〉所謂暢臼以椈是也。柏性堅緻，有脂而香，故古人破為暢臼，用以擣鬱。」（卷十四頁五）孔、陸說用柏臼桐杵以擣鬱之故，理或然也。

## 第二節　　煮鬱及盛鬱之器

### 一、煮鬱之器

　　煮鬯（鬱）之器具，其可考見者，亦以鄭司農之說為最早。《周禮・鬱人》鄭注引鄭司農云：

　　鬱，草名，十葉為貫，百二十貫為築以煮之鐎中，停於祭前。

先鄭說鐎可用為煮鬱，經傳中無明文可據，且殷周青銅器中，亦未有自名鐎之器。容庚《殷周青銅器通論》以為《博古圖》三螭盉以下八器，雖然稱之為盉，但與著盉名之盉不甚相似。因據目驗，以漢富平侯家溫酒鐎之形制，與諸器相類，故改稱為鐎，以別于盉〔註1〕。又《商周彝器通考》著錄戰國時期鐎器四件，除一件無提梁外，皆三足，有流，有提梁，有蓋（見圖版二），容氏以為其用乃以溫酒〔註2〕。

　　按《說文》金部云：「鐎，鐎斗也。」《史記・李將軍傳》作刁斗，玄應《一切經音義》卷十五引《聲類》、《廣韻》四宵鐎字下，亦並以鐎為刁斗。是鐎、鐎斗、刁斗三者，蓋為一物之異名也。司馬貞《史記索隱》引《埤倉》云：「鐎，溫器，有柄，斗似銚，無緣。」（〈李將軍傳〉「刁斗」下）梁顧野王《玉篇》卷十八：「鐎，溫器，有柄也。」《廣韻》四蕭云：「鐎，溫器，三足而有柄。」《一切經音義》卷十五引《聲類》云：「鐎，溫器也，有柄。」引《字林》云：「鐎，容一斗，似銚，無緣。」又引《韻集》云：「鐎，溫器

〔註1〕見《殷周青銅器通論》，頁四七。
〔註2〕見《商周彝器通考》，上冊，頁三九〇；下冊附圖四八九至四九二。

也，三足，有柄。」據上所引，則知鑴斗為一種溫器，斗下用三足架空，可以加火以烹煮食物。《宣和博古圖》著錄漢熊足鑴斗、龍首鑴斗二件〔註3〕，前者有蓋，皆三足而有流，有柄。三足有柄，正與載籍所言合。有流，所以便以傾倒流汁也。又《陶齋吉金錄》卷六著錄有漢中尚方鑴斗一器（見圖版三），銘文云：「建始二年六月十六日，中尚方造鑴斗，重三斤九兩，容一斗。」此器自名為鑴斗，亦有柄有流三足，此乃傳世鑴斗，名實可徵驗者也。

　　宋趙希鵠《洞天清錄》「刁斗鑴斗」條下云：「大抵刁斗如世所用有柄銚子，宜可炊一人食，即古之刁斗。若鑴斗（按《四庫》本鑴誤作鐫）亦如今有柄斗，而加三足。蓋刁鑴皆有柄，故皆謂之斗。刁無足，而鑴有足爾。」趙說刁斗無足，鑴斗有足，此以足之有無而分別，說又有異。

　　《考古學報》一九九二年第四期載〈儀徵張集團山西墓一號漢墓〉，出土鑴盉一件（見圖版四），扁球形腹，腹中部有一道凸棱，直口，有蓋，盉身一側出一獸頭流，與流夾角呈九十度處有一長柄，下有三矮蹄足，與文獻所載鑴器為三足有柄有流者相合。

## 二、盛鬱之器

　　擣煮後之鬱汁，盛於何種容器，經無明文。《周禮》但言肆師築鬻，鬱人和鬱實於彝，而漢儒亦未有說。稽之西周金文，則知鬱汁盛以卣，或盛以壺：

　　　　〈叔趯父卣〉：「余兄為女絲小鬱彝。」（《金文總集》五五〇八）

　　　　〈孟戠父壺〉：「孟戠父乍鬱壺。」（《金文總集》五六八三）

鬱彝者，盛鬱（汁）之彝器也；鬱壺者，盛鬱（汁）之壺也。此猶〈觴仲多壺〉、〈伯庶父壺〉、〈鄭楙叔賓父壺〉、〈白公父壺〉、〈曾白陭壺〉諸器所云之「醴壺」，謂用以盛醴酒之壺也。蓋鬱為草名，而築以煮之之鬱汁，亦以「鬱」名焉。器既自名鬱壺、鬱彝，則其為容盛鬱汁之器，亦較然可知。彝者，禮器之總名，故卣亦以彝稱，此所以〈叔趯父卣〉，其器為卣而銘云彝也。

## 第三節　和鬱鬯之器

　　《周禮》鬯人、鬱人別為二職，鬯人掌未和鬱之秬鬯，鬱人則和之以肆師所築煮之鬱汁，是為鬱鬯。考之典籍，以及漢儒經說，鬱人用以和鬱與鬯

之器，皆無明文。傳世殷周禮器中，有不見於禮經，而自名曰盉者，宋人雖知盉為器名，但拘於許書之言，而不知其為酒器也。

《說文》皿部：「盉，調味也。从皿禾聲」。宋董逌《廣川書跋》引《說文》「調味」下加「器」字，且謂禮經改盉為鑊，盉即煮薦體之器。盉中肉熟，則自盉以升於鼎。說詳盉銘條（卷二頁一一一）。呂大臨《考古圖》箸錄盉器四件（前二件並題曰鬲），且說其用云：「蓋整和五味以共調。」按《廣韻》八戈盉下云「調五味器」，呂說或即本此。《宣和博古圖》卷一九箸錄商周盉器一十四件，云盉為盛五味之器，又引《說文》以為調味之器。除此而外，《續考古圖》亦箸錄二件，惟不言其器用。是知宋人雖明白盉為器類，然皆泥於《說文》說解，以其為調味之器。

端方嘗得銅禁於陝西寶雞，上列諸酒器，有尊一、卣二、爵一、觚一、觶四、角一、斝一、盉一、勺二，不雜他器（見圖版五）。王國維據以撰〈說盉〉一文，以為若盉為調味之器，則宜與鼎鬲同列，不當廁於尊卣諸酒器中，且據《禮經》設尊之法，以及《周禮・司尊彝》所言沃酒之事，詳加論證，因謂「盉者蓋用以和水之器，自其形制言之，其有梁或鋬者，所以持而蕩滌之也。其有蓋及細長之喙者，所以使蕩滌時酒不泛溢也。其有喙者所以注酒於爵也。然則盉之為用，在受尊中之酒與玄酒而和之，而注之於爵。」（詳見《觀堂集林》卷三）王說盉為調和玄酒（新水）與酒之器，用以節制酒之濃淡者也。容庚《商周彝器通考》據引王說，而又有補充，以為盉有三足或四足，又兼溫酒之用〔註4〕。日人林巳奈夫則以為盉是煮鬱器，將鬱金煮汁，再與鬯酒混合，所使用之器皿〔註5〕。

夫古器一物數用，檢諸典籍，不乏例證。蓋每一種器物之製作，固有其主要用途，但施用日久，亦不妨有借為他用之時，此為器用之擴大也。是故盆以盛水，而亦所以盛血，見《周禮・牛人》「共其牛牲之互與其盆簝以待事」注；亦以為炊器，見《禮記・禮器》「夫奧者，老婦之祭也，盛於盆，尊於瓶」注。匜為沃盥器，而亦為酒漿器，見《禮記・內則》「敦牟卮匜，非餕莫敢用」注。是知盉器之為用，兼有數種功能，當無疑義。容氏以為又兼溫酒器，林氏以為盉為煮鬱器，蓋據盉有三足或四足以言。器有足，於其下適合加熱，此理之當然。然若必以有足之器皆為溫器，則是有未必然也。

〔註4〕見《商周彝器通考》，上冊，頁三八五。
〔註5〕見《殷周時代青銅器の研究》，頁六六。

若爵之為器，研治銅器之學者，多列之溫器類中，然載籍所見，爵者為酌酒而飲之器，其為溫酒之用者，未獲一覯，即為明證。是故馬承源於《中國青銅器》一書，云：

> 或以為盉有三足或四足，兼溫酒之用。這在初期的袋足盉或有此可能，而多數的盉足不過是器形的支承方式，多不作溫酒之用。（頁二四四）

馬說「多數盉足不過是器形的支承方式」，誠為中肯之論。是凡酒器之三足或四足者，其足有專為支承器體者，蓋亦可以推知也。

許書盉訓調味，此為調盉五味之盉，鬲部𩰲下云「五味盉羹也」，通作「和」，《說文》鼎下云「和五味之寶器」，《詩·商頌·烈祖》「亦有和羹」，是其例。今則和行而盉廢矣。《說文》段注云：「調味必於器中，故從皿。古器有名盉者，因其可以盉羹而名之也。」段說器所以取名為盉之故，甚為明白。實則盉器用於調味，自然亦可用於調酒之厚薄，用於和鬱與鬯而為鬱鬯。盉之為用，固以調和為其主要功能，此蓋塙然可知。至於西周中早期以後至戰國期間，盉與盤相配，而為注水之器〔註6〕，此亦為兼具之功能，蓋隨時代而施用有異也。盉之形制，大抵為碩腹而斂口，前有流，後有鋬，上有蓋，下有三足或四足。就其造型設計而言，正適合搖晃液體，而為調和之器。然則《周禮》鬱人用以調和鬱汁與秬鬯之器，其為酒器中之盉，蓋憭然而無疑也。《中國青銅器》一書綜合商代早期以迄戰國早期之盉型器，據其基本形式，凡析分為二十九類，詳見其書，茲不贅述。

# 第四節　盛鬱鬯及承彝之器

## 一、盛鬱鬯之器

### （一）雞彝

《周禮·春官·司尊彝》：

> 春祠夏禴，祼用雞彝、鳥彝，皆有舟。秋嘗冬烝，祼用斝彝、黃彝，皆有舟。凡四時之間祀追享朝享，祼用虎彝、蜼彝，皆有舟。

---

〔註6〕參見張臨生，〈說盉與匜──青銅彝器中的水器〉，《故宮季刊》一七、一，頁二五至四〇。

鄭注云：

　　雞彝、鳥彝，謂刻而畫之為雞鳳皇之形。

　　按《禮記・明堂位》云：「灌尊，夏后氏以雞彝，殷以斝，周以黃目。」（斝即斝彝，黃目即黃彝），而〈司尊彝〉謂周用雞彝、斝彝，是周人宗廟祭祀，兼用夏商之灌尊也。

　　孫詒讓《周禮正義》云：「刻謂刻木也。凡此經彝尊，依鄭義皆刻木為之而加畫飾。唯大尊為瓦尊，無畫飾，與諸尊異。」孫說是也。鄭云蓋謂刻而畫之為雞形、鳳皇之形，著於尊腹之上，是乃刻畫之文，非彝形肖雞、肖鳳皇也。聶崇義《三禮圖》云：「雞彝，受三斗，口圓徑九寸，底徑七寸，其腹上下空徑高一尺，足高二寸，下徑八寸。其六彝所飾，各畫本象，雖別其形制，容受皆同。」（卷十四頁一）據聶圖，六彝形制所異者，乃其所飾本象之不同（見圖版六），容受則無異焉。

　　按魏太和中，魯郡於地中得齊大夫子尾送女器，有犧尊，作犧牛形，王肅據以說犧尊、象尊為象犧牛及象之形。晉永嘉賊曹嶷於青州發齊景公冢，又得二尊，形亦為牛象；宋《宣和博古圖》所寫犧尊亦作犧牛形，並合王肅之說。故洪邁《容齋三筆》亦據以為說，且謂「鄭司農諸人所云，殊與古製不類」，乃是「目所未睹，而臆為之說」者也。此蓋皆得之目驗，不同於耳聞也。說詳拙作〈殷周禮制中醴及醴器研究〉一文。惟雞彝、鳥彝之說，學者多宗鄭玄刻而畫之為雞、鳳皇之形，而無異辭。晚近古物相繼出土，銅器研究極一時之盛，古器飾以雞鳳皇之形者，乃普遍之繪飾，非裸尊所獨有。遂疑鄭玄或因未見其物，或雖見其物而不識，故有斯說。徐中舒〈說尊彝〉一文，於〈司尊彝〉六彝鄭注嘗有徵引，而云：

　　按此所釋與現存銅器多不合。蓋刻畫諸形之飾如雞鳳皇形，舊圖中多稱為夔鳳紋，虺形舊多稱為蟠虺紋或夔龍紋，皆為銅器中最普遍之繪飾，並非裸用之彝所獨有。故就銅器言之，除黃彝斝彝外，與其以為象刻畫之飾，不如謂象全體之形。以遺物言，銅器中有雞鳥虎蜼諸形之器。此三方面既如是相一致，此即雞鳥虎蜼諸彝象此諸物之形之最可依據之佐證〔註7〕。

按實物有雞鳥諸形之器，雞鳥形飾乃銅器普遍之紋飾，徐氏據此以論雞彝、鳥彝宜為象雞或象鳥形之物，其說是也。徐氏又云：

─────────────
〔註7〕見〈說尊彝〉，《史語所集刊》，第七本第一分，頁七六、七七。

按器物之以雕鏤繪飾為名者，如瑂戈瑂戟畫轉畫輻（見於金文）敦弓鏤簋，初不必縷舉其雕鏤繪畫之物。其以雕鏤繪飾之物為名者，如旗幟有鳥隼龜蛇龍象及狼頭纛等，貨幣有龍幣馬幣龍洋鷹洋之類，皆必須資其雕鏤繪飾以為識別之物。至普通用具，如龍勺虎符魚鑰龍舟龜鈕獸環，大致皆就其所象之形而言。故此尊彝中犧象雞鳥諸名，皆應釋為象犧象雞鳥諸形之物〔註8〕。

按古人制器尚象，命名取義，必富有深意，名尊曰犧曰象，名彝曰雞曰鳥，則必有類乎犧象雞鳥之禮器在焉。所謂「先王制器，或遠取諸物，或近取諸身」（陳祥道《禮書》語），犧尊、象尊、雞彝、鳥彝遠取諸物也。徐說尊彝中犧象雞鳥諸名，皆應釋為象犧象雞鳥諸形之物之緣由，較然明白。據出土實物，其形制象鳥獸形之酒尊，若牛羊象虎雞鳥諸形，見於箸錄者不下數十器，可為佐證。

鄒衡在《夏商周考古學論文集》〈試論夏文化〉一篇中，根據地下出土材料，對「雞彝」一物之出現及其演變情形，考證論述甚詳。以為雞彝此種灌尊，便是夏文化中常見之封口盉（見圖版七），「像一隻黑色或灰色的雄雞」，亦即龍山文化中常見之紅陶鬶，「像一隻伸頸昂首，佇立將鳴的紅色雄雞」，「它們可能都是由共同的祖型大汶口文化的雞彝發展來的」。在早商文化中，雖不見有陶雞彝，但銅雞彝仍然存在，形制則悉仿自夏文化之封口陶盉〔註9〕。其後黃士強先生撰〈中國新石器時代的鬶與盉〉一文，對鬶與盉之發生、演變以及二者之關係，討論尤為詳盡〔註10〕。

按由鬶而盉，其演變發展過程，鄒、黃二氏論述甚為清楚，蓋可據信。惟鄒氏所謂銅雞彝，實即盛行於殷商晚期至西周之「盉」器，其與《周禮·司尊彝》所云灌尊之雞彝，是否為一器，殊有可疑。而若謂雞彝即夏后氏時之封口盉，則此器類周已無之，則姬周灌用雞彝之說，又非其實。故杜金鵬於〈封頂盉研究〉一文中，以為「雞彝不可能是封頂陶盉（按即鄒氏所謂封口盉）」〔註11〕，蓋有以也。

據上所述，實物中有雞鳥諸形之器，而犧尊象尊既為象犧象之形，虎彝

---

〔註8〕同上，頁七五。
〔註9〕參見《夏商周考古學論文集》，頁一四九至一五二。
〔註10〕參見〈中國新石器時代的鬶與盉〉，《臺灣大學文史哲學報》，第二六期（一九七七、一二）。
〔註11〕見〈封頂盉研究〉，《考古學報》，一九九二、一，頁二五。

蜼彝亦為象虎蜼之形（詳後），則雞鳥亦當為象雞鳥之形，蓋非無據也。

　　周世宗廟祭祀，裸獻必用彝尊，所用不同，則其名亦異。故宋儒說經，皆以為周人四時祭祀，所用鬯彝，各有其義。鄭鍔曰：「裸獻必用彝尊，非苟以為盛鬯齊之器而已。各因時而用之，時不同則器不同，各因時以明義也。」（見王與之《周禮訂義》卷三四頁三引）鄭說以為尊彝之所用，蓋因時與事以致其義，意甚明白。春祠所以用雞彝為灌尊者，王昭禹《周禮詳解》云：

　　　　春者，時之始，而雞以其司晨而木之屬，故用雞彝。（卷一八頁一九）

又云：

　　　　春夏者用動之時也，故皆象以動物，秋冬者用靜之時也，故皆象以靜物，祫禘則有合四時之義，故一以靜物也。（卷一八頁二〇）

陳祥道《禮書》云：

　　　　先王制器，或遠取諸物，或近取諸身，其取之也有義，其用之也以類。雞鳥虎蜼之彝，取諸物也。罍耳黃目，取諸身也。春祠夏禴，彝以雞鳥，以雞鳥均羽物也。秋嘗冬烝，彝以耳目，以耳目均人體也。追享朝享，彝以虎蜼，以虎蜼均毛物也。夫雞東方之物也，仁也。鳥南方之物，禮也。此王者所以用祠禴也。（卷九五頁一二、一三）

按王、陳說春祠用雞彝之義，是否符合周人之初意，固難揣知。蓋六彝形制，漢儒箋注，既已不能無誤，則後人據其說，而欲窺其究竟，其不易亦可知之矣。

### （二）鳥　彝

《周禮・春官・司尊彝》：

　　　　春祠夏禴，裸用雞彝、鳥彝，皆有舟。

鄭注云：

　　　　雞彝、鳥彝，謂刻而畫之為雞鳳皇之形。

賈疏云：

　　　　案《尚書》「鳴鳥之不聞」，彼鳴鳥是鳳皇，則此鳥亦是鳳皇也。

　　據鄭注，鳥彝者，蓋刻畫鳳皇形於尊上以為飾。聶崇義《三禮圖》畫彝腹為鳳皇之形，且於雞彝圖下云：「雞彝，受三斗。口圓徑九寸，底徑七寸，其腹上下空徑高一尺，足高二寸，下徑八寸。其六彝所飾，各畫本象，雖別

其形制，容受皆同。」是鳥彝之制度容受一同雞彝，惟所飾有異耳。按鄭康成謂雞彝刻雞形，鳥彝刻鳳皇形，其說之不足以據，已論於前，茲不更述。聶氏禮圖因之，於尊彝之形制，亦未能分別，但以所繪雞鳥虎蜼而異其名。後之學者固守鄭說，以為「此為刻畫之文，非彝形肖雞、鳳皇也」（黃以周《禮書通故》語）。今據出土實物以驗（見圖版八），乃知其說非其實，而後儒憑箋注以臆定器物之形狀者，亦可賴以訂正焉。

　　若夫夏禴之彝，所以飾以鳥者，王昭禹《周禮詳解》云：「夏以五行為火，而鳥火屬也，故用鳥彝。」又云：「春夏者，用動之時也，故皆象以動物。」陳祥道《禮書》云：「鳥，南方之物，禮也。此王者所以用禴也。」鄭鍔謂「鳥，鳳也。夏為文明，而鳳具五色，文明之禽也。」易祓《周官總義》則以為春夏發生長養，主乎動，故彝用雞鳥，取其有動意。〔註12〕姑述之於此，以備參考。

## （三）斚　彝

《周禮・春官・司尊彝》：

> 秋嘗冬烝，裸用斚彝、黃彝，皆有舟。

鄭注引鄭司農云：

> 斚讀為稼。稼彝，畫禾稼也。

賈疏云：

> 斚讀為稼，稼彝，畫禾稼也者，以諸尊皆物為飾，今云斚於義無取，故破從稼也。

《禮記・明堂位》曰：「爵，夏后氏以琖，殷以斚，周以爵。」又曰：「灌尊，夏后氏以雞夷（彝），殷以斚，周以黃目。」按〈明堂位〉爵，殷以斚，灌尊，殷以斚，則斚為尊名，而爵亦名之，是一名而異制。若《詩・大雅・行葦》所謂奠斚者，爵也，為飲酒器；〈司尊彝〉所謂斚彝者，尊也，為盛酒器，亦即〈明堂位〉所云灌尊之斚。故段玉裁《周禮漢讀考》云：

> 〈明堂位〉：「爵，夏后氏以琖，殷以斚，周以爵。」又曰：「灌尊，夏后氏以雞彝，殷以斚，周以黃目。」大鄭嫌尊與爵同名，故易其

---

〔註12〕王說見《周禮詳解》，卷一八頁一九。
　　　　陳說見《禮書》，卷九五頁一二。
　　　　鄭說見王與之《周禮訂義》，卷三四頁三引。
　　　　易說見《周官總義》，卷一二頁二九。

字曰稼，釋之曰畫禾稼也。《說文》斗部曰：「斝，玉爵也。夏曰琖，殷曰斝，周曰爵。從斗𢎘，象形，與爵同意。或說斝受六升。」或說蓋謂斝彝也。爵受一升。《說文》糸部引《禮》作斝彝。(《皇清經解》卷六三六頁一一)

段說許書斝篆或說斝受六升，蓋謂斝彝，斝爵則受一升，其說是也。〈明堂位〉「斝爵」，鄭注亦云「斝，畫禾稼也」。然則〈司尊彝〉斝彝為裸尊，與斝爵雖殊器，而畫禾稼則一。蓋二者或以所受容量不同而殊其器也。

先鄭謂斝讀為稼，稼彝，畫禾稼也者，蓋以斝為稼之假借，謂畫嘉禾於尊，因以為尊名。後之為禮圖者篤守其說，莫之或易。然驗之實物，則殷周之斝，其紋飾多見饕餮雲雷，夔龍鳳鳥，以及幾何紋樣，未見嘉禾為飾。蓋以斝稼同音，故爾謬為曲說。而鄭玄或因未見其物，或雖見其物而不識，乃襲先鄭誤說。

斝之名屢見於三禮，但遺器中並無自名為斝者。今日通稱之斝，其形制與甲骨文字形相似。字於卜辭作𠬝，或從𠬝作𠬝，象手持之之形。就出土及傳世實物言之，斝似爵而體高大，口圓而侈，無流及尾，此異於爵。上有兩柱，下具三足（亦有四足者），中有一鋬，平底，甲文正象其形。《說文》斝篆從𢎘者，乃𠬝形之訛，從斗者，當是後世所增。陳祥道據《左傳》昭公七年燕人以斝耳賂齊，因謂斝有耳〔註13〕，其說不誤。斝耳即斝也。所謂斝有耳者，蓋指其一鋬言，非指其兩柱也。黃以周《禮書通故》云「斝，《左傳》謂之斝耳」，是矣。然又云「斝有兩耳，其形如斗」，則未得其實也〔註14〕。

禮經言及酒器，每以散與角連文，或斝與角連文。《五經異義》引《韓詩說》五爵，有爵、觚、觶、角、散而無斝（見《詩‧周南‧卷耳》疏）。今傳世古酒器，唯有斝而無散，是以羅振玉據殷虛刻辭以訂正許書斝篆說解，及經典散字之形誤。其言曰：

　　古散字作𢨋，與𠬝字形頗相近，故後人誤認斝為散。《韓詩說》諸飲器有散無斝，今傳世古酒器有斝無散，大於角者惟斝而已。諸經中散字，疑皆斝之訛。（卷中頁三七）

王國維據其說，更驗以端方藏禁上有此三足、兩柱，有鋬器，必為酒器，並列舉五證以說明三禮中之散即為斝，故知斝、散實為一器。其言詳見〈說斝〉

〔註13〕見《禮書》，卷九五頁一一。
〔註14〕見《禮書通故‧名物通故三》，頁一一。

一文，茲不贅述。其後容庚《商周彝器通考》復申其說，於是斝為酒器，諸經飲器之「散」，皆為「斝」字之訛，乃為學者所據從。惟容氏以為「斝有三足，且多中空，其用處是以溫酒，與角、爵同」〔註15〕，其說殆有斟酌商榷之處。蓋三足或四足器，適宜置火於其下以烹煮，其理或然。惟據文獻資料所見，斝（散）但用為盛酒之器，或用為飲酒之器。是據其形制，或憑實物腹下有煙炱痕跡，輒謂必為溫器，蓋未必符合文獻之所載也。

### （四）黃　彝

《周禮・春官・司尊彝》：

> 秋嘗冬烝，裸用斝彝、黃彝，皆有舟。

鄭注：

> 鄭司農云：「黃彝，黃目尊也。〈明堂位〉曰：『夏后氏以雞彝，殷以斝，周以黃目。』玄謂黃目，以黃金為目。〈郊特牲〉曰：「黃目，鬱氣之上尊也。黃者，中也。目者，氣之清明者也。言酌於中而清明於外。」

先鄭云黃彝謂黃目尊，蓋依《禮記・明堂位》文。〈明堂位〉曰：「灌尊，周以黃目」，是黃彝即黃目也。而〈郊特牲〉「黃目」，鄭注亦云黃彝也。後鄭釋黃目云「以黃金為目」者，〈郊特牲〉孔疏云：「以黃金鏤其外以為目，因取名也。」引〈郊特牲〉文，即所以解黃為目之義。聶崇義《三禮圖》以為六彝形制容受皆同，惟所飾各畫本象為異耳。故其黃彝圖畫人目於尊腹，而通漆以金漆〔註16〕，蓋以鄭說黃金為目之目為人目也。

據〈郊特牲〉孔氏申義，云「以黃金鏤其外以為目」，未嘗指言人目。《詩・周南・卷耳》孔疏引《異義・毛詩》金罍說云：「金飾龜目」，《說文》木部㮚下云：「龜目酒尊，刻木作雲雷象，象施不窮也。罍，㮚或從缶。」故徐鍇《說文繫傳》曰：「龜目所以飾畫也，若今禮尊有黃目是也。」陸佃《埤雅》亦曰：「舊圖黃目尊畫人目而黃之，人目不黃，無理。許慎云：龜目黃，亦以其氣之清明。然則黃目宜畫龜目如慎說。」〔註17〕後之學者，若王筠之《說文句讀》、黃以周之《禮書通故》，並以為黃目宜畫龜目如慎說〔註18〕，

---

〔註15〕見《殷周青銅器通論》，頁四五。

〔註16〕見《三禮圖》，卷一四頁二。

〔註17〕見章如愚《群書考索》，卷四五頁二引。

〔註18〕王說見《說文句讀》，木部㮚篆下。

而林昌彝《三禮通釋》亦以為「畫龜目亦通」〔註19〕。

按黃目，不論指言人目或龜目，驗諸現存銅器，殆有未盡切合。蓋刻畫諸形之紋飾，商周銅器大多以饕餮紋（俗稱獸面紋）為主，其次為夔龍紋、鳳紋等，雷紋則多為襯托背景。所謂饕餮，即各種獸類之顏面。一般著重在眼睛，多作球狀凸出，正中瞳孔下凹。先儒所釋黃目，似為以黃金塗飾獸面形飾之兩目，殆即指此。此者蓋為銅器中最普遍之紋飾，實非裸尊所擅有。斯說之不足以據信，蓋亦可知也。

數十年來，銅器時有所出，學者據以訂正先儒「黃目」解說之失者，據筆者目力所及，則首推徐中舒。徐氏嘗撰〈古代狩獵圖象考〉，亦以銅器中最常見之獸面圖案（饕餮），謂即《周禮·司尊彝》所謂之黃彝〔註20〕。其後又撰〈說尊彝〉一文，則改前說，以為黃彝之黃，殆為觵省，其器即象兕牛角形。其言曰：

> 斝彝即斝，或稱為散。黃彝之黃疑為觵省。《說文》「觵兕牛角可以飲者也」，俗作觥，其器即象兕牛角形。本所在殷墓中發掘所得，有其物，但係銅製。甲骨文有象角形酒器者，其文作目，形與目字形似，故禮經又謂之黃目。此兩彝皆酒器，亦為鬱鬯之用〔註21〕。

其次劉節以為黃目即黃犢，亦即所謂之蝸牛。其於〈釋彝〉一文云：

> 《周禮·司尊彝》六彝中五樣，已不離動植物之名，這黃目，鄭康成便說以黃金為目。我以為黃彝既可以稱黃目，必非佩璜之璜。此黃目，必定為獸類之俗名，而黃彝之黃，也必定是借字。」〔註22〕

又於〈釋贏〉一文云：

> 蝸牛，古稱黃犢，兩目，實即兩角。所謂黃彝者，蓋黃犢彝也。鑄鼎象物，古有其事〔註23〕。

其後鄒衡撰〈試論夏文化〉一文，以為黃目即盉，係周人一直使用之灌器。其言曰：

> 盉為什麼又叫黃目？我們很懷疑是否指盉的饕餮紋而言。例如臣辰

---

黃說見《禮書通故·名物通故三》，頁一。
〔註19〕 見《三禮通釋》，卷一三二頁六。
〔註20〕 見〈古代狩獵圖象考〉，《慶祝蔡元培先生六十五歲論文集》，下冊，頁五八八。
〔註21〕 同註7，頁七七。
〔註22〕 見〈釋彝〉，《古史考存》，頁一六九。
〔註23〕 見〈釋贏〉，《古史考存》，頁三四七。

盉的腹上有二目橫列而凸出于器表，黃目或即橫目。《禮記·郊特牲》孔疏云：「黃彝，以黃金鏤其外以為目，因取名也。」西周銅盉固然無用黃金鑲嵌者，但青銅的本色卻是黃褐的[註24]。

按以上三說，劉氏謂黃目即黃犢，亦即俗謂之蝸牛。其說殆不足採信。蓋象蝸牛之酒尊，不止文獻資料無徵，即是傳世或出土實物亦未有證驗。鄒衡於〈試論夏文化〉一文中已駁之矣。鄒氏謂黃目即周人一直使用之盉，此說殆亦無強有力之證據。且據〈司尊彝〉，周人灌尊有斝，其紋飾亦如盉器有饕餮紋。是以銅器中常見之紋飾，作為某一器物之專名，蓋非制器取名之道也。徐氏謂黃彝之黃疑為觥省，於三說中，雖似較為近理，然亦有可疑之處。

按徐氏說「其器即象兕牛角形，本所在殷墓中發掘所得，有其物，但係銅製」，此即史語所發掘安陽西北崗所得角形器，其形狀如圖版九，《西清續鑑》卷十二亦箸錄一器，定名為兕觥，形似牛角，與安陽所得形狀相類，惟失蓋耳（見圖版一○），並與聶崇義《三禮圖》所繪相合（見圖版一一）。孔德成於一九六四年在《東海學報》第六卷第一期發表〈說兕觥〉一文，謂《西清續鑑》定角形酒器為兕觥不誤。其後屈萬里於一九七一年，在《史語所集刊》第四十三本第一分，亦發表〈兕觥問題重探〉一文，肯定孔氏之說，並以為此類器，即《詩經》屢言之兕觥也。按《詩·周南·卷耳》：「我姑酌彼兕觥」，孔疏引《禮圖》云：「觥大七升，以兕角為之。」《周禮·地官·閭胥》：「掌其比觵撻罰之事」，鄭注云：「觵用酒，其爵以兕角為之」，孔疏云：「知其爵以兕角為之者，見《詩》云『兕觥其觩』，故知用兕牛角為觥爵也。」是據文獻資料與出土實物相印證，知孔、屈二氏以角形酒器為兕觥，蓋確然可信。惟黃目為盛鬱鬯之器，而證之載籍，兕觥乃飲酒器，而非盛酒之器，孔、屈二氏於文中，已詳言之矣。故徐氏以黃目謂即角形酒器之兕觥，其說可通，而其用途則不合也。

阮元《積古齋鐘鼎款識》卷五箸錄〈子燮兕觥〉一銘，且記其形云：「器制如爵而高大，蓋作犧首形，有兩角。」又云：「其制無雙柱，無流，同於角；有三足，同於爵。」是阮氏蓋以形制似爵，而蓋作犧首形之酒器，名之曰兕觥（見圖版一二）。檢諸《考古圖》、《博古圖》二書，俱無兕觥之名。《續考古圖》箸錄兕觥二器，而《宣和博古圖》皆以匜名之[註25]。王國維嘗為〈說

〔註24〕見《夏商周考古學論文集》，頁一五六。
〔註25〕《續考古圖》，卷三頁二六。又卷二頁一二，所錄一器，無蓋，殆為匜器。

觥〉一文，謂阮氏所錄〈子變〉器，為角而非兕觥，且辨觥與匜之異同。文中謂自宋以來，所謂匜者有二種。其一器淺而鉅，有足而無蓋，其流而狹長者，此為匜。其一器稍小而深，或有足或無足，而皆有蓋，其流侈而短，蓋皆作牛首形，佔人謂之虎頭匜者，即兕觥也。並列舉六證以證成其說。自王氏此說出，雖有疑其後一類器是否可以定名為兕觥，不無疑問。但在目前材料不足，未能確定其名之前，學者亦多姑從其說，而以「匜之器小而深，蓋作牛首形」者，名之曰觥［註26］。容庚《商周彝器通考》著錄有守宮作父辛觥一器，中藏一斗（見圖版一三）。上海博物館藏商代晝弘觥，中亦附一斗（見圖版一四），則觥為盛酒器可知。是今所謂兕觥者，蓋有二焉。一為角形飲酒器，此類器有文獻資料可證。一為形制似匜稍小而深，蓋作牛首形者，為盛酒器。前者非灌尊黃彝，蓋塙然可知。而後者之名稱既有疑問，則自難與黃彝牽合。是黃彝之為物，究竟為何，蓋猶尚未有定論，惟闕疑以俟考。

## （五）虎　彝

《周禮·春官·司尊彝》：

　四時之閒祀追享朝享，裸用虎彝、蜼彝，皆有舟。

《周禮·春官·司尊彝》，六尊之中有犧尊、象尊，六彝之中有雞鳥虎蜼諸彝，聶崇義《三禮圖》不但犧象均畫於尊腹之上，即雞鳥虎蜼諸彝，亦俱畫雞鳥虎蜼以為飾。後宋人發現犧尊二，象尊一，悉作全牛全象之形，始悟王肅注禮謂犧尊、象尊乃「為犧牛及象之形，鑿其背以為尊」之說為是，而以漢儒之說為「曲從臆斷而遷就其義」，其說見王黼《宣和博古圖》（卷七）。董逌《廣川書跋》卷一有「虎彝」條，謂「嘗見父乙尊為虎」，惜未見其圖象。自聶氏而後，治《周禮》及為禮圖者，皆襲聶圖為說，以畫虎於尊者為虎彝。近數十年出土銅器中，偶見有全體象虎形之酒尊，董氏謂「父乙尊為虎」，或非虛言。

一九二三年，新鄭鄭塚，出土一件盛酒器（見圖版一五），器為伏虎形，四足兩耳（出土時，後足缺一），以口為流，卷尾成蚑，鑿背承酌，有蓋覆於其上，而以連環繫於尾，初名周獸尊，嗣經修補完整，羅振玉、馬衡、關百

---

　　《宣和博古圖》，卷二〇頁三五。

［註26］容庚《商周彝器通考》及馬承源《中國青銅器》皆主王說，而於兕觥之定名，則有存疑。

益等，先後研究，更名虎彝〔註27〕。此器作全虎形，與犧尊、象尊之作全牛全象形者相符。又《殷周青銅器通論》著錄虎尊一件（見圖版一六），傳為陝西寶雞出土。器為立虎形，尾粗而卷，背有孔穴，遍體飾斑紋〔註28〕。〈司尊彝〉尊以實五齊，彝以實鬱鬯，據《周禮》，則此器名曰虎彝正合。此不特可補《博古圖》所不及，且可破漢儒以來，說虎彝為畫虎以為飾之疑惑。

若夫四時之間祀追享朝享，裸用虎彝者，其義則說者亦有歧異。王昭禹《周禮詳解》云：

> 四時之間祀，則以禘及其祖之所自出，故謂之追享。追享以尊尊，則有義之德焉，故彝以虎，虎者義也。（卷一八頁一九）

鄭鍔亦從王說，其言曰：

> 先儒謂虎者西方之義獸，追享及遷廟之主，世既遠矣，猶不忘祭，是謂尊尊，尊尊至於遠祖，可以謂之義，彝刻以虎，以其義也。（見王與之《周禮訂義》卷三四頁一〇引）

王、鄭二氏以為追享所以尊尊也，尊尊則義也，虎者西方之義獸，故彝刻以虎。陳祥道《禮書》之說同〔註29〕。惟易祓《周官總義》則有不同說辭，其言曰：

> 四時間祭為非常之禮，始以人道求之，則主乎動，終以神道事之，則主乎靜。曰虎曰蜼則用以裸，曰泰曰山則用以獻，非始出於動而終復於靜乎？（卷一二頁二九）

清俞樾《群經平議》則以為「《周禮》司常掌九旗之物，熊虎為旗，鳥隼為旟，彝之有取於虎隼，猶之乎旗旟矣」〔註30〕，是其以虎彝畫虎為飾，蓋取其猛，其說又異於宋儒。林昌彝《三禮通釋》說同〔註31〕。

按以上三說，義并可通，莫知決正，姑以兼存。

## （六）蜼　彝

《周禮·春官·司尊彝》：

> 凡四時之閒祀追享朝享，裸用虎彝、蜼彝，皆有舟。

---

〔註27〕參見張克明《殷周青銅器求真》，頁五一、五二。
〔註28〕見《殷周青銅器通論》，頁五〇，圖版七七。
〔註29〕見陳祥道《禮書》卷九五頁一二。
〔註30〕見《群經平議》，卷一三頁三。
〔註31〕見《三禮通釋》，卷一三二頁六。

鄭注：

> 鄭司農云：「蜼，讀為蛇虺之虺，或讀為公用射隼之隼。」玄謂蜼，
> 禺屬，卬鼻而長尾。

據大小鄭箋注，蜼彝之為物，蓋有三說：或畫虺為飾，或畫隼為飾，此先鄭之說也；或畫蜼（禺屬）為飾（聶圖即據此），此後鄭之說也。按漢儒於禮器箋注，皆以飾物於器腹為說，而不就其器體所象之形而言。驗諸傳世或出土實物，知古人制器尚象，命名取義，多有深意，尊彝名曰犧象雞鳥，亦必有類乎犧象雞鳥之禮器在焉，此則已見前述。

先鄭謂「蜼，讀為蛇虺之虺」，《爾雅·釋魚》云：「蝮虺，博三寸，首大如擘。」先鄭意蓋謂此尊彝刻畫為蛇虺之形。按虺形紋飾，舊多稱為螭虺紋或夔龍紋，此為銅器中習見紋飾之一，並非裸用之彝所獨有，而古器象蛇虺全體之形者，就現存實物言，則無以徵驗，是斯說殆不足以據。

後鄭謂蜼為禺屬，蓋本《爾雅》。案《爾雅·釋獸》云：「蜼，卬鼻而長尾」，郭注云：「蜼似獼猴而大，黃黑色，尾長數尺，似獺尾，末有岐，鼻露向上，雨即自縣於樹，以尾塞鼻，或以兩指。江東人亦取養之，為物捷健。」《說文》虫部云：「蜼，如母猴，卬鼻長尾。」又由部云：「禺，母猴屬。」後之為禮圖者，蜼彝皆從後鄭，畫似獼猴之蜼以為飾。賈公彥曰：「虎彝、蜼彝，當是有虞氏之尊，故鄭注《尚書》云：『宗彝，宗廟之中鬱尊。』虞氏所用，故曰『虞夏以上，虎蜼而已。』」《尚書·皋陶謨》孔疏亦引鄭注云：「虞夏以上，蓋取虎蜼而已。」按鄭說虎蜼為虞用鬱鬯尊，江聲《尚書集注音疏》以為此乃推測之辭，其言曰：「《禮記·明堂位》云：『灌尊，夏后氏以雞彝，殷以斝，周以黃目』，此舉三代之彝，不及鳥與虎蜼，而鳥與雞類也。據〈司尊彝〉職，雞彝、鳥彝同用，則或俱是夏物，故推虎蜼為虞之宗彝也。然則言虞以上可爾，云虞夏者，以此是虞夏書，故連言夏，其意實主于虞也，但虞之虎蜼，書無明文，故云蓋以疑之。」孫星衍《尚書今古文注疏》說同。以其文獻無徵，闕疑可矣。

若夫彝之有取於蜼（禺屬）者，王昭禹《周禮詳解》云：「祫自喪除朝廟始而合食於群廟之主，故謂之朝享。朝享以親親，則有智之德焉，故彝以蜼，蜼者智也。」（卷一八頁一九）鄭鍔亦曰：「蜼，蓋獸之智也。朝享行於祖考之廟，親為近矣，每月祭焉，是謂親親。親親不忘乎月祭，可以謂之智。彝刻以蜼，以其智也。」（見王與之《周禮訂義》卷三四頁一〇引）王、鄭

並以謂朝享以親親，則有智之德，故其彝用蜼以為飾。蓋蜼為智獸，天將雨，知自懸于木，而以尾塞鼻也。李時珍《本草綱目》則謂畫蜼為宗彝，不特以其智，且取其孝讓也。其言曰：「蜼，仁獸也。出西南諸山中，居樹上。狀如猿，白面黑頰，多髯而毛采斑斕。尾長于身，其末有歧。雨則以歧塞鼻也。喜群行，老者前，少者后，食相讓，居相愛，生相聚，死相赴。柳子所謂仁讓孝慈者也。古者畫蜼為宗彝，亦取其孝讓而有智也。」（見「果然」條。蜼，一名果然。）簡朝亮《尚書集注述疏》，亦據以為說〔註 32〕。按傳世或出土實物，未發現有畫蜼以為飾者，亦未有象全蜼形之器，是先儒雖多主後鄭此說，蓋亦不足據信。董逌《廣川書跋》卷一有「蜼彝」一條，謂祕閣所藏大小七器，形制略相似。其二大者為行獸，二首及身有斑文，似虎而歧尾，如蜼，腹下空，可以縣。按據董氏所述，實不類似獮猴之蜼，其說蓋非。

先鄭說蜼，又引或說云：「或讀為公用射隼之隼」，段玉裁《周禮漢讀考》云：「司農易蜼為虺，又偁或說易為隼，三字古音同在弟十五脂微部也。」（《皇清經解》卷六三六頁一一）俞樾《群經平議》卷十三「蜼彝」條下云：「按蛇虺之虺，於義固無所取，至蜼乃獮猴之類，古人亦何取而象之？疑此字實當為隼。〈翨氏〉『掌攻猛鳥』，注曰：『猛鳥，鷹隼之屬。』然則虎彝、隼彝，皆取其猛。〈司常〉『掌九旗之物，熊虎為旗，鳥隼為旟。』彝之有取於虎隼，猶之乎旗旟矣。」蜼讀為隼，則為鳥形之器。驗諸實物資料，酒器尊類中，有一種特殊形制，而象各種鳥獸形狀之酒尊，其中舊稱鴞尊者時見（見圖版一七）。鴞，鷙鳥也，亦即鷹隼之屬。就傳世遺器言之，《周禮．司尊彝》所謂蜼彝者，或即指此類器，先鄭所引或說易蜼為隼，蓋得其實。賈公彥曰：「鄭司農讀蜼為蛇虺之虺，或讀為公用射隼之隼者，無所依據，故後鄭皆不從也。」其說則有得有失，蓋未見其物而然。至於蜼彝之命義取象，是否誠如俞氏所言乃在「取其猛」，則有待商榷。蓋旗旟之有取於虎隼，其義可說，至宗廟祭祀所用尊彝，亦取義於猛禽者，則終有可疑。

## （七）卣

《書．洛誥》曰「秬鬯二卣」，〈文侯之命〉曰「秬鬯一卣」，《詩．大雅．江漢》與《左傳》僖公二十八年亦曰「秬鬯一卣」，《爾雅．釋器》曰：「彝、罍、卣，器也。」郭注云：「皆盛酒尊。」是卣者，盛鬯之器也。古者以為人

〔註 32〕李說見《本草綱目》，卷五一，頁五三、五四。
簡說見《尚書集注述疏》，卷二頁二三。

臣受鬯以卣不以彝，卣為非裸所用，將裸則實彝。故孔穎達於〈江漢〉疏云：「鬱人掌和鬱鬯，以實彝而陳之，則鬯當在彝。而《詩》及《尚書》、《左傳》皆云秬鬯一卣者，當祭之時乃在彝，未祭則在卣，賜時未祭，故卣盛之。」按孔氏此說，殆有可商。夫鬯、秬鬯與鬱鬯三名，蓋有先後之分。卜辭殷彝止有鬯，尚未見有秬鬯。秬鬯始見於《書》、《詩》，而西周金文亦多見，多作「𩰪鬯」。西周金文亦有鬱鬯，唯鬱字作𣓁，其從鬯作「鬱」，乃為後造鬱草本字。蓋以「周人尚臭，灌用鬯臭，鬱合鬯」，故增意符鬯作「鬱」，其字至早亦當在西周初期以後。考之殷商卜辭，鬯亦為當時祭宗廟，告先祖之重要祭品，而鬯多與卣器連言：

> 丙申卜，即貞：父丁歲鬯一卣？（《合》三二二七）
>
> 丁酉卜，貞：王賓文武丁伐十人，卯六牢，鬯六卣，亡尤？（《合》五三五五）
>
> 其蒸新鬯二必一卣于……（《合》三〇九七三）
>
> 蒸鬯二卣，王受祐？（《屯》七六六）

此皆祭時鬯酒盛於卣之明證。姬周彝銘，記賜鬯者多矣，而皆以卣為單位，與卜辭同。然則卣以盛鬯（秬鬯），不論其祭時與否也。孔穎達《詩疏》以為鬯酒未祭則盛於卣，祭時則實之於彝，蓋據經傳本文為說。按《周禮·司尊彝》職「掌六尊六彝之位，辨其用與其實」，尊以實五齊，彝以實鬱鬯，〈鬯人〉職「掌共秬鬯」，〈鬱人〉職「掌和鬱鬯以實彝」，其職掌畫然分明，不容殽掍。考〈鬯人〉職所用之器，有大罍、瓢齎、脩、蜃、概、散，是六者皆尊名也，皆所以實秬鬯者也，與〈司尊彝〉六彝所以盛鬱鬯，六尊所以盛五齊者不同（大罍、瓢齎、蜃、概、散諸器，說詳拙作〈鬯器考〉一文）。鄭注廟用脩，脩讀曰卣，可知秬鬯惟和鬱者乃實於彝，其未和鬱者則實於卣明矣。黃以周《禮書通故》云：「鬱人和鬱鬯以實彝，是裸酒也。《書》、《詩》、《左傳》言秬鬯一卣，是享酒也。鬯以鬱為上，秬次之，尊以彝為上，卣次之。裸用上尊彝，享用中尊卣，此尊卑之差也。《詩》孔疏混而一之，殊謬。」（〈肆獻裸饋食禮通故五〉頁一二）黃說是也。按鄭注〈鬯人〉云：「卣，中尊。尊者彝為上，罍為下。」鄭說蓋據《爾雅》及〈司尊彝〉推之。《爾雅·釋器》云：「彝、卣、罍，器也。」郭注云：「皆盛酒尊，彝其總名。」邢昺疏引《禮圖》云：「六彝為上，受三斗；六尊為中，受五斗；六罍為下，受一斛。」《左傳》僖公二十八年孔疏引孫炎曰：「尊，彝為上，罍為下，卣居中也。」蓋彝

盛鬱鬯，為祼神之器；卣盛秬鬯，以非祼時所用，故次於彝。顧棟高《毛詩類釋》云：「《爾雅》云卣為中尊者，當以品之貴賤言。彝，陳祖考之前，為最上；罍，平日飲燕所用，為下；卣，未祭之前盛秬鬯者，故得為中也。」（卷八頁五）顧說蓋得其實。

　　卣字見於先秦文獻、西周金文及殷商刻辭，而不見於《說文》。文獻中或假「攸」、「脩」為之。出土及傳世實物，至今猶未發現有自名為卣之器者，其定名蓋始自宋呂大臨《考古圖》。卣之為物，漢儒似已不得其詳。故〈鬯人〉「廟用脩」鄭注云：「脩讀曰卣。卣，中尊，謂犧象之屬。」驗之實物，犧象之形制與卣相去殊遠，鄭氏所謂「犧象之屬」者，蓋指其同為盛酒之器言，而其器之形制如何，漢儒箋注則未嘗一覯。卣之形制多為橢圓，碩腹，斂口，有蓋，圈足，側有提梁。其異於其他酒器者，乃在此類器之提梁及蓋。前者除晚期盉曾沿用外，為卣所獨有。後者雖亦出現於它類，但酒器中只有此類自始至終必然有蓋〔註33〕。此類酒器，據文獻資料與西周金文及殷商刻辭所見，皆專用以貯盛秬鬯，亦兼以盛鬱。而據經傳，鬯卣每連言，則鬱鬯於未祭之時，亦或盛以卣器，殆亦可以確信無疑。

　　卣，或假脩為之，已見上述。惟《周禮·春官·鬯人》「廟用脩」，鄭注云：「廟用脩者，謂始禘時，自饋食始。」自鄭氏有此說，而學者多從之。賈公彥述其義云：

　　　　玄謂始禘時自饋食始者，謂練祭後遷廟時。以其宗廟之祭，從自始
　　　　死已來無祭，今為遷廟，以新死者木主入廟，特為此祭，故云始禘
　　　　時也。

孫詒讓以為今本鄭注「始禘」當為「始祔」之訛，其於〈鬯人〉疏云：

　　　　天子喪祭九虞及卒哭之祭皆在寢，至祔始祭於祖廟。鄭意經云廟，
　　　　則非卒哭以前之祭；用卣，則非吉祭九獻之禮。惟始祔在卒哭之後，
　　　　主已祔祖，而祭未純吉，宜用大牢，饋食三獻而畢事，故雖廟祭，
　　　　而無上尊之祼。

孫說蓋謂始祔之祭，非吉時九獻之禮，故用卣也。

　　按《周禮》言宗廟祭祀，鬱鬯則盛以六彝，五齊則盛以六尊，三酒則盛以罍尊，此見於〈酒正〉、〈小宗伯〉、〈司尊彝〉之職，故先儒之說宗廟祭祀者，不論所陳尊數多寡，享酒之中皆不及鬯酒一物，蓋彼等俱據鄭氏〈鬯人〉

〔註33〕見故宮博物院所編《商周青銅酒器》，頁二五。

「廟用脩」，謂「始禘時」之說也。宋儒謂脩為增飾之以彩色，雖不可據信，但其不取鄭氏始禘用鬯，實能不泥於漢儒箋注者也。蓋鬯酒用於祭宗廟，告祖先，殷商已然，甲骨刻辭可徵驗也。姬周金文，習見賞賜秬鬯之文，《詩》、《書》、《左傳》亦有賜秬鬯之記載，而明言賜鬱鬯或醴酒者無一見，秬鬯之珍貴，於是可見。是故若謂秬鬯施於宗廟，唯於始禘時才得以用之，則不能無疑也。蓋鬱鬯者，所以求神之降臨，非所以享神之物也。是享酒理當以秬鬯為上，五齊次之，而三酒為下，先儒以宗廟六享，彝以盛鬱鬯，尊以盛五齊，罍以盛三酒，而不及秬鬯，遂以謂廟享無秬鬯，此非其實也。

《周禮‧鬯人》鄭注云：「脩、蜃、概、散，皆漆尊也。脩讀曰卣，卣，中尊，謂犧象之屬。」按《書》、《詩》、《左傳》說盛秬鬯之尊並云卣，故鄭讀脩為卣。段玉裁《周禮漢讀考》云「脩卣字，同在古音尤幽部，聲類同也」是也。又〈司尊彝釋文〉云：「卣本亦作攸。」脩攸聲類亦同。惟宋儒或不從鄭注，而以脩為脩飾之義。鄭鍔曰：

> 考宗廟之中尊，盛五齊三酒，不盛秬鬯，凡此所言裸器，非廟中之彝，改字為卣，非也。王安石以脩為飾之義是。（見王與之《周禮訂義》卷三三頁二五引）

按鄭玄既以脩、蜃、概、散為漆尊，然又以罷事之尊無飾，故謂之散。王安石以脩為飾之義者，蓋即以散脩相對故云然。所謂無飾之說，脩為飾之義，殆皆有未確。而王昭禹《周禮詳解》申述王氏新說曰：「用脩則增飾之以彩色，廟以享人鬼，人道尚文。」（卷一八頁一六）斯說亦不可據信也。

## 二、承彝之器

《周禮‧春官‧司尊彝》：

> 春祠夏禴，裸用雞彝、鳥彝，皆有舟。秋嘗冬烝，裸用斝彝、黃彝，皆有舟。凡四時之閒祀追享朝享，裸用虎彝、蜼彝，皆有舟。

鄭注引鄭司農曰：

> 舟，尊下臺，若今時承槃。

賈疏云：

> 漢時酒尊下槃，象周時尊下有舟，故舉以為況也。

據《周禮‧司尊彝》本文，六彝皆有舟，所以承彝也。丁晏《周禮釋注》云：「《說文》木部：『槃，承槃也。』古文作鎜，籀文作盤。鐘鼎款識有漢

車宮銅承燭槃，銘曰：『車宮銅承燭槃，重三斤八兩，五鳳四年造』，是漢時
有承槃之制，故先鄭舉以況舟。」（卷一頁四三）按鄭司農雖舉漢時承槃以
況舟，然以其形制箋注無文，亦無實物可驗，故後之說者，亦互有歧異，甚
至有謂舟宜若後世酒缸稍加大者。聶崇義謂嘗覽鄭玄《禮圖》，頗詳制度，
而於《三禮圖》說其形制云：

> 其舟外漆赤中，槃口圓，徑尺四寸，其舟高厚各半寸。槃下刻殺二
> 等而漸大圓，局足，與槃通高一尺，足下空徑橫大二寸。六彝下舟
> 形制皆同，其舟足各隨尊刻畫其類以飾之。

據聶圖，彝舟形制，實象壺狀（見圖版一八），孫詒讓《周禮正義》謂
「依聶圖，則與梜禁之屬相似」（〈司尊彝〉疏）。按《禮記・禮器》鄭注云：
「禁如今之方案，隋長局足，高三寸」，端方嘗於寶雞所得承尊之器，形橢
長如方案而有足，即禁也。一九七八年，河南淅川下寺春秋楚墓亦出土銅禁
一件（見圖版一九），長方形，器下有虎形足十二〔註34〕。是孫謂與梜禁之
屬相似，蓋指皆為承酒尊之器座言，非其形制類似也。陳祥道《禮書》云：

> 彝皆有舟，尊皆有罍，舟以廢彝，而罍非廢尊。言彝有舟，以見尊
> 有禁也。天子諸侯之尊廢禁，廢禁無足以下為貴，則彝舟之為物，
> 蓋象舟之形而已。先儒以廢禁為去禁，謂舟若漢承槃圓而崇尺，恐
> 不然也。（卷九七頁八）

林昌彝《三禮通釋》據陳說，以為舟如槃（見圖版二〇），平底而無足，高蓋
不至寸〔註35〕，未知古制然否？至於彝下承盤，取名于舟者，先儒大抵以為
舟能載物，且以沈溺為酒戒也。王昭禹《周禮詳解》云：

> 彝皆有舟，為酒戒也。蓋舟能載物，所受過量則有沈溺之禍。先王
> 以為以禮飲酒者，始乎治，常卒乎亂，故於用禮每每戒焉。後世猶
> 至於飲酒無度，沈湎淫佚，用亂喪德，用燕喪威儀，亦罔非酒為辜
> 者，其不知禮意之甚也，可勝痛哉。（卷一八頁二〇）

易祓《周官總義》亦云：

> 大概舟之為物，量其所受，則有濟物之利，受過其量，則有沈溺之
> 害。（卷一二頁二九）

按《儀禮・士冠禮》鄭注云：「禁，承尊之器也。名之為禁者，因為酒

---

〔註34〕見《淅川下寺春秋楚墓》，頁一二六，圖版四九、五〇。
〔註35〕見《三禮通釋》，卷二六八頁二。

戒也。」舟亦所以承彝之器，其作用與禁同，故宋儒以欲其不溺為說，義或如此。

## 第五節　挹鬯之器

### 一、勺

《儀禮・士冠禮》「有篚實勺觶」，鄭注曰：「勺，尊斗，所以㪺酒也。」考〈鄉飲酒禮〉，兩壺加二勺；〈鄉射禮〉，兩壺，左玄酒，皆加勺；〈大射禮〉，方壺膳尊，亦云加勺；〈特牲饋食記〉，兩壺加勺；〈士冠禮〉，醮用酒，尊亦加勺。蓋酒在尊中，必以勺㪺之，然後實於爵也。凌廷堪《禮經釋例》卷十一，已詳言之矣。故《說文》勺部云：「勺，挹取也。」勺以酌酒，亦通謂之酌，故《楚辭・招魂》「華酌既陳」，王逸注云：「酌，酒斗也。」據卜辭彝銘所見，卣所以盛鬯，祭與未祭並同，後儒以為未祭則盛於卣，祭時則實之於彝，二者有殊，此蓋據經傳而言，其初殆未嘗有此分別。此則已見前述。蓋周人廟祭，鬱鬯實於彝，行裸時，則以勺挹之，而注之於瓚以裸神。

《禮記・明堂位》曰：

> 灌尊，夏后氏以雞夷，殷以斝，周以黃目。其勺，夏后氏以龍勺，殷以疏勺，周以蒲勺。

鄭注云：

> 龍，龍頭也。疏，通刻其頭。蒲，合蒲如鳧頭也。

孔疏云：

> 龍勺，勺為龍頭；疏謂刻鏤，通刻勺頭；蒲謂刻勺為鳧頭，其口微開，如蒲草本合，而末微開口也。

按〈明堂位〉三勺，承雞彝、黃目言之，則三勺為鬱勺，至為顯然。據鄭、孔之說，則勺柄頭刻為龍頭狀者為龍勺，刻鏤疏通者為疏勺，刻如鳧頭，其口微開，似蒲草者為蒲勺。三代鬱勺，其制不同如此。又〈考工記・梓人〉「為飲器，勺一升」，注云「勺，尊升」，此蓋㪺酒之器也。〈梓人〉之勺，未詳何代之器，然〈考工〉周禮也，似當以合蒲如鳧頭之蒲勺為準。故孫詒讓云：「蒲勺，即〈梓人〉所為之勺，以木為之，不以黃金，止容一升。」（〈玉人〉疏）惟聶崇義《三禮圖》則云：「梓人為勺，受一升，亦宜畫勺頭為龍頭，依舊圖長二尺四寸，餘制並同鬱勺。」（卷十三頁六）按鬱勺者，即龍勺、疏

勺、蒲勺也。是〈梓人〉之勺，即〈明堂位〉之龍勺矣。二說不同。聶圖龍勺、蒲勺之容受、長度並同，而疏勺長三尺四寸則異。

又按龍勺刻為龍頭形，師儒相傳如此。惟疏勺與蒲勺之形制，鄭氏而後，則有不同說法（見圖版二一）。聶崇義《三禮圖》謂「疏勺宜如疏匕，通疏刻畫雲氣飾其柄」，陸佃謂「疏勺為雉頭」，陳祥道《禮書》謂「蒲勺刻之以蒲，與蒲璧之象同」，莊有可《禮記集說》則謂「龍為龍首，疏蓋加刻雲飾，蒲則又加蒲艸形」，而黃以周《禮書通故》之說蒲勺，雖據鄭注，但又與孔疏不同，曰：「蒲勺畫蒲，并似鳧頭之毛，故鄭注云合蒲如鳧頭」〔註36〕，其歧異如此。舊圖龍疏蒲之飾皆刻在勺頭，聶圖以疏勺為例，謂刻雲氣於柄，黃以周則謂疏刻皆在勺流，其紋飾位置之說，又不同如此〔註37〕。陳祥道曰：「龍水畜也，疏水道也，蒲水物也，勺所以斟齊酒明水，故其飾如此。」（《禮書》卷九九頁七）陳說飾刻之義，云疏水道也，未審何據而云然。又陸佃云：「龍勺為龍頭，蒲勺為鳧頭，疏勺為雉頭。龍勺以能施為義，疏勺以能不淫為義，蒲勺以能不溺為義。」（《禮記集說》卷八〇頁九引）其假物性以曲證三鬯勺之名義，蓋亦稍嫌比附矣。

據實物資料，銅勺之形制紋飾，與歷代師儒所說或有差異，惟其為挹酒於尊而注於爵之「所以斟酒之器」，則無疑義。蓋勺為斟酒之器，出土酒器附以勺，其例亦可見。一九七五年河南三門峽上村嶺五號戰國墓出土之鑲嵌蟠螭紋方罍，罍中亦附有一勺（見圖版二二），即其證〔註38〕。此由出土實物與文獻所載相互比勘，完全契合。

## 二、斗

斗，古枓字，蓋以有別於斛量之斗，故自斗孳乳為枓，以避形義殽掍。

枓為水器，亦為酒器。當其用為水器，則用以沃盥；當其用為酒器，則用以挹酒也。《詩・大雅・行葦》「酒醴維醹，酌以大斗」，《儀禮・士冠禮》

---

〔註36〕聶崇義說見《三禮圖》，卷一二頁五。

陸佃說見衛湜《禮記集說》，卷八〇頁九引。

陳祥道說見《禮書》，卷九九頁七。

莊有可說見《禮記集說》，冊一，頁七。

黃以周，《禮書通故・名物圖二》，頁八三。

〔註37〕見《禮書通故・名物通故三》，頁一八。

〔註38〕見〈河南三門峽上村嶺出土的幾件戰國銅器〉，《文物》，一九七六、三，頁五二。

鄭注亦云：「勺，尊斗（今本訛升），所以魁酒也。」是謂酒斗。〈少牢饋食禮〉「司官設罍水於洗東，有科」，鄭注云：「科，魁水器也。」是謂水斗。又《公羊傳》宣公六年「膳宰熊蹯不孰，公怒，以斗擊殺之」，是謂羹斗。科之一物，就《儀禮》一書所見，皆作為沃盥之用，《禮記·喪大記》記載為死者浴屍云：「浴水用盆，沃水用科，浴用絺巾，挋用浴，如他日。」「如他日」者，謂活人洗澡亦用科也。

　　據文獻資料所見，挹鬯用科，止見於《周禮·鬯人》。出土實物雖亦有卣、斗並出之例，但卣中所盛是否為鬯，則不可塙知。一九六一年河南鶴壁龐村出土一卣（魚父己卣），見圖版二三，卣內附一曲柄斗〔註 39〕；又一九七一年陝西涇陽高家堡商周墓葬中出土二卣，其一器內裝一曲柄斗，柄斷為二截〔註 40〕，即其例。

　　　　△《周禮·春官·鬯人》：「大喪之大渳，設斗，共其釁鬯。」
　　　　　鄭注：「斗，所以沃尸也。釁尸以鬯酒，使之香美者。鄭司
　　　　　農云：『釁讀為徽。』」賈疏：「此鬯酒中兼有鬱金香草，故
　　　　　得香美也。鄭司農云釁讀為徽者，以鬯釁尸，故以徽為莊飾
　　　　　義也。」

　　　　△《周禮·春官·小宗伯》：「王崩，大肆，以秬鬯渳。」鄭注
　　　　　引鄭司農云：「大肆，大浴也。以秬鬯浴尸。」

　　　　△《周禮·春官·肆師》：「大喪，大渳以鬯，則築鬱。」鄭注：
　　　　　「築香草，煮以為鬯，以浴尸。」

　　　　△《周禮·春官·大祝》：「大喪，始崩，以肆鬯渳尸。」鄭注：
　　　　　「肆鬯，所為陳尸設鬯也。鄭司農云：『渳尸，以鬯浴尸。』」

大喪者，謂王及后喪也。孫詒讓以為其世子及三夫人以下喪，亦當用鬯浴尸，但不得稱大渳耳，見〈肆師〉疏。〈大祝〉「肆鬯」者，鄭以陳釋肆，謂此鬯為陳尸而設之，故謂之肆鬯。亦即〈小宗伯〉所謂「大肆」，〈肆師〉所謂「大渳」是也。〈小宗伯〉乃據陳言之，〈肆師〉則據浴言之，其義相同。先鄭以「浴」釋〈小宗伯〉「大肆」之「肆」者，蓋凡浴尸，必肆而後浴，故釋肆

---

〔註 39〕見〈河南鶴壁龐村出土的青銅器〉，《文物資料叢刊》（三），頁三七。
〔註 40〕見〈涇陽高家堡商周墓群發掘記〉（續二），《故宮文物月刊》，第十卷第七期，
　　　　頁一〇九。一九九二、一〇。

為浴。〈鬯人〉云「鬱鬯」者，蓋凡大浴，以鬯塗尸，又以和浴湯，故謂之
釁。蓋取其芬芳條暢，可以去其臭惡，而使之香美，與以血塗鐘鼓謂之釁義
同。《周禮・女巫》「釁浴」，鄭注云「謂以香薰草藥沐浴」，其取義亦同。段
玉裁《周禮漢讀考》云：「鄭君意釁如字讀之，讀如釁鐘釁鼓之釁，故云釁
尸以鬯酒也。」（《皇清經解》卷六三六頁九）其說是也。

〈肆師〉云：「大喪，大浴以鬯，則築鬱」，是大喪浴尸當用鬱鬯。上引
諸文之「鬯」或「秬鬯」，乃秬鬯之和鬱者也。據〈肆師〉，彼唯掌築鬱取汁，
以授鬱人，鬱人更於鬯人取秬鬯酒（鬯人唯共秬鬯），以鬱和而為「鬱鬯」
焉。孫詒讓曰：「經云秬鬯者，散文未和鬱者不得稱鬱鬯，已和鬱者得通稱
秬鬯。」（〈小宗伯〉疏）其說或然。

按浴用鬱鬯，已見上述，挹鬯以斗，亦見〈鬯人〉。惟其所盛之器，則
經無明文，莫敢隨意妄斷，待考。《禮記・喪大記》云：「浴水用盆，沃水用
枓」，注云：「以枓酌水沃尸。」《詩・大雅・行葦》「酌以大斗」，孔疏引《漢
禮器制度》說大斗云：「勺五升，徑六寸，長三尺。」《儀禮・士喪禮》賈疏
云：「枓受五升，方，有柄，用挹盆中水以沃尸。」（頁四二○）按賈說與《漢
禮器制度》同。此即沃水所用之斗，亦謂之罍枓。其酌鬯所用尊枓，孫詒讓
以為即《周禮・梓人》之勺，與罍枓制同，而容量有異，說見〈鬯人〉疏。

又按《說文》勺部云：「勺，挹取也，象形」，又木部云：「枓，勺也，所
以挹取也」，蓋以勺枓二物，形制近似，且俱為挹取酒漿之器，是以《說文》
釋枓為勺，實則二器固有別異。

近數十年來，殷周禮器大量出土，銅器研究亦極一時之盛，但「斗」、「勺」
二物，迄今猶然混淆不清。陳夢家《海外中國銅器圖錄》一書，於「中國銅
器概述」中據此而謂「勺斗古為一字，于形音義三者俱合」。實則古人制器尚
象，命名取義，必富有深意。且考諸《儀禮》，〈士冠〉、〈士昏〉、〈鄉飲〉、〈鄉
射〉、〈大射〉、〈既夕〉、〈士虞〉、〈特牲〉、〈少牢〉，所記之勺，皆為挹酒之器。
〈少牢〉「司官設罍水于洗東，有枓」，此云之枓，乃為挹水之器，而《儀禮》
止此一見。賈疏云：「凡總《儀禮》一部內，用水者皆須罍盛之，沃盥水者，
皆用枓為之。〈士冠禮〉直言水在洗東，〈士昏禮〉亦直言水在洗東，〈鄉飲酒〉、
〈特牲・記〉亦云然，皆不言罍器，亦不云有枓。其〈燕禮〉、〈大射〉雖云
罍水，又不言有枓，故鄭注總云凡此等設水用罍，沃盥用枓，其禮具在此，
故餘文不具，省文之義也。」（見〈少牢〉「司宮設罍水于洗東，有枓」疏）

是知有洗即有罍，有罍即有枓也。是故凌廷堪於《禮經釋例》卷十一云：「凡斟水之器曰枓，凡斟酒之器曰勺。」此據《儀禮》枓以斟水，勺以斟酒，而知枓勺二器雖為同類，固亦異其形也。陳說之不足據信，至為顯然。

王振鐸於〈司南指南針與羅盤經〉一文，據斗勺二字之書法結體，而區分勺、斗二物之形制。以為斗之柄出自斗首腰際，其形制特徵，與金文斗字相近；勺之柄與勺之口緣相連，其形制特徵，與《說文》勺字相近。日本學者林巳奈夫《殷周時代青銅器の研究》採用王說，徵諸實物，而據以命名〔註41〕。

馬承源於《中國青銅器》一書，則以器柄之曲直作為斗、勺二器形制之區分。其言曰：

> 勺與斗作用相似，其形當有區別，否則就是枓、勺不分。枓、勺皆
> 有小杯，枓柄曲，則直柄有小杯者當是勺。（頁二五八）

夫斗勺二物，其用途相似，然其形制，在大同之中固當有別。《詩·小雅·大東》云「惟北有斗，不可以挹酒漿」，此因斗形以名星者也。蓋猶星之似箕、畢、彗者，名之曰箕（箕者，四星狀如簸箕）、畢（畢者，八星橐貫兩叉出，狀如田網之畢）、彗（彗者，《說文》云埽竹也，《釋名》云彗星，光稍似彗也），是皆因物以名星，而非因星形以名物也。《爾雅》「濁謂之畢」，郭璞注云：「掩兔之畢，或呼為濁，因星形以名」，按郭注後四字誤倒，當作「因以名星」，孫炎注可證，見《詩·齊風·盧令》引。又按北斗七星，第一至第四為魁，組成斗身，第五至第七為杓，組成斗柄。斗魁包括天樞、天璇、天璣、天權四星，斗柄包括玉衡、開陽、搖光三星，見《史記·天官書》「北斗七星」《索隱》引《春秋運斗樞》。斗身（魁）方而斗柄（杓）曲，正象挹酒器之斗，因取以名焉。《玉篇》云：「枓，有柄，形如北斗星，用以斟酌也」是也。故詩意言北斗似「斗」，而不可挹取酒漿。商周青銅挹酒器，有作小杯有曲柄，形如北斗七星狀者，即是此物。至於勺之形制，其祖型出於剖匏為勺之象，〈梓人〉之木杓，當在匏勺之後，王振鐸說是也〔註42〕。以其剖匏為之，故其制字取象，自與斗篆有異。金文勺，斟字所從作 ∫，見〈我鼎〉（《金文總集》一二六一），酌字所從作 ∫，見〈伯公父勺〉（《文物》一九七八、一一），汋字所從作 ∫，見〈中山王嚳鼎〉（《文物》一九七九、一），

---

〔註41〕王說參見〈司南指南針與羅盤經〉，《中國考古學報》，第三冊，頁一八九、一九九。
　　　　林說參見《殷周時代青銅器の研究》，頁八三至八五。
〔註42〕王說同上，頁一九○。

並象匏瓠縱剖之形，其柄則未若斗柄之曲折，此審之文字可以塙知。又斗、勺二字，本皆象形，勺字，金文作𠃌，其柄與勺之口緣相連，猶似剖匏之形；而斗字，金文作𢁃，其柄出自斗首腰際，此蓋實物本象即如此。北斗七星因以為名者，蓋取其斗身與斗柄之曲折俱相類似也。是就斗勺二物言，斗器之特異處，在其柄曲，且不與口緣連接；而勺器則為直柄，且與口緣相連。此其大較也。若細分之，則凡柄直，或柄與口緣相連（包括柄曲而與口緣相連）者，悉當歸諸勺類。此據傳世漢代勺器（見圖版二四），蓋可得徵驗。

## 第六節　祼鬯之器

《詩·旱麓》「玉瓚」，〈江漢〉云「圭瓚」，瓚者，以圭為柄，圭以玉為之，指其體謂之玉瓚，據成器謂之圭瓚，故〈旱麓〉毛傳以圭瓚釋玉瓚。《禮記·明堂位》云「灌用玉瓚大圭」，謂之大圭者，即以大圭為瓚柄，故云然。圭瓚，所以盛鬯酒以灌之器也，故鄭玄謂之鬯爵，見《禮記·王制》注。以其為灌鬯之器，故亦謂之祼圭，見《周禮·春官·典瑞》、〈考工記·玉人〉（祼之言灌也，見《周禮·天官·小宰》、〈春官·大宗伯〉鄭注）；或謂之祼玉，見《周禮·春官·鬱人》。《說文》則謂之瑒圭（見玉部），《國語·魯語》謂之鬯圭，蓋用以灌鬯，故名焉。鬯，經典或通作暢（《禮記·雜記》「暢，臼以椈」，《釋文》云「鬯本作暢」，即其例。）暢瑒並從昜聲，故鬯圭字亦作瑒也。據《說文》，鬯圭，當作瑒圭。亦謂之玉鬯，《國語·周語》「有神降于莘，王使大宰忌父帥傅氏及祝史奉犧牲，玉鬯往獻焉」，韋注曰：「玉鬯，鬯酒之圭，長尺二寸，有瓚，所以灌地降神之器」是也。《周禮·春官·大宗伯》「涖玉鬯」，孫詒讓謂「玉鬯，圭瓚也」，亦其例。是玉瓚也，圭瓚也，大圭也，鬯爵也，祼圭也，祼玉也，鬯圭也，瑒圭也，玉鬯也，其名雖異，而其實所指則同。

圭瓚之制，鄭玄注經則以〈考工記·玉人〉說三璋之狀言之（見圖版二五），《詩·旱麓》箋云：「圭瓚之狀，以圭為柄，黃金為勺，青金為外，朱中央矣」，是也。按〈玉人〉職大璋中璋之下云「黃金勺，青金外，朱中，鼻寸，衡四寸」，鄭注云：「鼻，勺流也，凡流皆為龍口也。衡，謂勺徑也。三璋之勺，形如圭瓚。」黃金勺者，勺即所以盛鬯之瓚也，以黃金為之。青金外者，謂以青金飾其外也。青金者，鉛也（見《說文》金部）。朱中者，謂於黃金勺之中，又以朱漆涂之為飾也。鄭云鼻為勺流者，亦即瓚吐水之流

口，形為龍頭，其口以吐鬱酒也。又〈典瑞〉注引《漢禮器制度》：「瓚槃大五升，口徑八寸，下有槃，口徑一尺」，又〈明堂位〉注云：「瓚形如槃，以大圭為柄」，〈玉人〉注又云：「有流前注」，圭瓚形制蓋如此。綜此而言，可知裸圭其長尺有二寸，有瓚，即其勺也，其制如槃，其柄用圭，有流前注，凡流皆為龍口之形，所以盛鬱以裸神與賓客也。聶崇義《三禮圖》即據鄭說，見圖版二六。惟瓚槃之制（見圖版二七），鄭說蓋以漢儀以擬周制，六經所載，則初無此事。故陳祥道《禮書》云：

> 先儒謂凡流皆為龍口，瓚槃大五升，口徑八寸，下有槃口，徑一尺。
>
> 然古者有圭瓚、璋瓚，而無下槃，有鼻而無龍口（見圖版二八），先儒之說蓋漢制歟？（卷五五頁七）

黃以周《禮書通故》雖謂「鄭注凡流皆為龍口，其言必有所本」，但亦以為鄭說「未必如聶《圖》耳」，故又別為之新定圭瓚圖（〈名物圖二〉頁二一），見圖版二九。其之疑鄭注、聶圖，蓋亦可知也。

〈玉人〉說三璋云「黃金勺，青金外，赤中」，鄭依此而說圭瓚之制，謂為勺者黃金也，後儒多從其說，惟林昌彝《三禮通釋》不以為然。其言曰：

> 圭瓚之勺，以玉為之，故《詩》曰「瑟彼玉瓚，黃流在中」，玉白而鬱鬯黃，相輝映然，知其用純玉，不飾也。
>
> 自注云：「〈考工記・玉人〉所謂黃金勺者，言璋瓚，非謂圭瓚。鄭氏誤解〈考工記〉，故孔穎達〈旱麓〉詩疏亦從之而誤。圭瓚之勺，皆以玉為之，非金勺也。」

又曰：

> 璋瓚之勺，以黃金為之，朱其中，青金為之外，無玉飾。
>
> 自注云：「按先儒圭瓚璋瓚之辨，特其柄不同，其瓚俱同，則是皆以玉為之也。然詳〈考工記〉文，朱中而青外，則黃金者其質也，無可以用玉之處，若以玉飾之，經但云青金外，不應不詳及之，是知無玉飾也。然則圭瓚之玉，特其柄耳，其餘皆金也。」（卷一三二頁九）

按林氏謂圭瓚之勺，以純玉為之，不飾，璋瓚之勺，以黃金為之，朱其中，青金為之外，無玉飾，說與鄭注迥異。惟以實物不傳，且鄭說瓚制，亦已以漢禮器擬周制，其說之不盡可信，殆亦可知。是林氏雖稍易鄭說，蓋亦未必然也。

　　昭公十七年《左傳》云：「若我用瓘斝玉瓚，鄭必不火」，杜注曰：「瓚，勺也。」杜氏以勺釋瓚，似謂勺瓚不異，實則瓚之為物，雖如勺制，但其與斟酒之勺，固有殊異。前儒每或混同而無別，此又不可不辨也。〈玉人〉「黃金勺，青金外，朱中」，杜子春云：「勺，謂酒尊中勺也。」按《禮記・明堂位》：「灌尊，夏后氏以雞夷，殷以斝，周以黃目。其勺，夏后氏以龍勺，殷以疏勺，周以蒲勺。」灌尊，即《周禮・司尊彝》之六彝。凡酒皆盛於尊，以勺挹之，而注之於爵。杜意蓋謂此勺即〈明堂位〉灌尊中用以挹取之蒲勺也。又〈典瑞〉「祼圭有瓚，以肆先王，以祼賓客」，先鄭注云：「於圭頭為器，可以挹鬯祼祭，謂之瓚。」先鄭似亦以瓚為挹鬯之勺，而兼用為祼祭之爵。實則瓚雖為勺制，而祼祭則以當爵，其挹之仍用蒲勺，而不用瓚也，故鄭玄〈王制〉注直釋圭瓚為鬯爵，其不以杜子春及先鄭說為是，至為顯然。又〈郊特牲〉「灌以圭璋，用玉氣也」，孔疏引王肅曰：「瓚，所以斟鬯也。」王氏亦以瓚為斟鬯之勺，其誤與杜及先鄭同。王與之《周禮訂義》引王氏《詳說》云：「蓋勺之事一，而其制有二：〈明堂位〉曰『夏后氏龍勺，商之疏勺，周之蒲勺』，此謂尊中之勺也。此曰黃金勺者，謂圭瓚之首鼻勺之勺也。」（卷七六頁八）王說是也，二者不可混為一談。

　　瓚有圭瓚、有璋瓚，鄭氏說玉瓚既以〈冬官・玉人〉璋狀言之，則二瓚之制相似，惟柄有異，而大小有不同耳。〈玉人〉賈疏云：「圭瓚口徑八寸，下有盤口徑一尺。此徑四寸，徑既倍狹，明所容亦少，但形制相似耳。」此大小之不同也。《禮記・祭統》：「君執圭瓚祼尸，大宗執璋瓚亞祼」，鄭注云：「圭瓚、璋瓚，祼器也。以圭、璋為柄。」是知以圭為柄者謂之圭瓚，以璋為柄者謂之璋瓚，此用柄之不同也。

　　圭瓚、璋瓚並為祼器，但其柄既有用圭與用璋之不同，瓚口亦有大小之差異，則其使用，亦當有別。天子用圭瓚，王后用璋瓚。諸侯未得圭瓚者，則君與夫人同用璋瓚。王用圭瓚者，〈典瑞〉云：「祼圭有瓚，以肆先王，以祼賓客。」〈玉人〉云：「祼圭尺有二寸，有瓚，以祀廟。」是也。故《周禮・小宗伯》鄭注云：「天子用圭瓚」。王后用璋瓚者，《周禮・內宰》「大祭祀，后祼則贊」，鄭注云：「謂祭宗廟，君既祼，后乃從後祼也。」賈疏云：「室中二祼，后亞王祼，祼時內宰以璋瓚授后。」是也。諸侯亦用圭瓚者，《禮記・王制》云：「諸侯賜圭瓚，然後為鬯，未賜圭瓚，則資鬯於天子。」是用璋瓚謂未得圭瓚之賜者也。《周禮・小宗伯》鄭注云「諸侯用璋瓚」者，即指此。

是以《禮記·祭統》云「君執圭瓚祼尸，大宗執璋瓚亞祼」，鄭注云「大宗亞祼，容夫人有故，攝焉」，是諸侯亦用圭瓚也。《詩·大雅·旱麓》孔疏云：「天子之瓚，其柄之圭長尺有二寸，其賜諸侯蓋九寸以下。」是天子之所用也，與其所賜諸侯者，圭雖同而其形短矣。

按出土實物，未見有如漢儒所述形制之圭瓚，惟西周金文有「黃瓚」一辭，〈乙卯尊〉云：「王商（賞）子黃瓚一、貝百朋。」尊銘「黃瓚」，或以為瓚是以黃金為勺，故以色稱〔註43〕。則金文所云，可與鄭說圭瓚之狀，相互參證。

一九六一年，陝西長安張家坡發掘一處西周窟穴，出土斗器四件（原說明統稱此四器為「斗與勺」），見圖版三〇。其中二斗為半圓形，斂口，外壁瓦壠紋，下有低圈足，一側鑄生扁平狀不甚長之柄。另一式斗體如觚，侈口。柄鑄生近底部，另加短柱連接〔註44〕。一九七六年，扶風雲塘亦發現西周窖藏一處，出土兩件白公父器（見圖版三一）。兩器同形。器身橢圓，頸飾變形蟬紋與雲紋，圈足飾重環紋。有一寬板狀上折柄，正面有銘文，兩器銘文連讀，器自名曰金爵〔註45〕。因其形似勺，故或名之曰白公父勺，實則據其柄言，與斗尤為類似。此種同形之器，一九六〇年扶風庄白亦出土兩件（見圖版三二），形制、大小、紋飾均同，惟無銘文，屬西周中期〔註46〕。據白公父器自名，則此類器當稱為爵，但其器形又大異於傳統所稱之爵，日人林巳奈夫則稱之為「瓚」，亦即文獻資料所載祼器之「瓚」。又以其自名為爵，故而列之於飲酒器類中〔註47〕。

又一九九〇年江西新淦大洋洲商代大墓出土一件青銅器（見圖版三三），發掘簡報中題之曰瓚，以觚形器為體，安上形如玉圭之銅柄。觚體為斂口，尖唇，微束腰，喇叭形圈足外撇。下腹與圈足底部，有兩周豎狀目雷式紋，兩周紋帶之間，有三道凹弦紋相隔，并等距置十字形鏤孔三。圭形銅柄上，亦有目雷式雲紋〔註48〕。

夫炎漢去周未遠，而經籍所記禮樂諸器，當時儒者之箋注已不能無誤。

〔註43〕見李學勤〈灃西發現的乙卯尊及其意義〉，《文物》，一九八六、七，頁六三。
〔註44〕見郭寶鈞《商周銅器群綜合研究》，頁六〇。
〔註45〕見〈陝西扶風縣雲塘、庄白二號西周銅器窖藏〉，《文物》，一九七八、一一。
〔註46〕見史言〈扶風庄白大隊出土的一批西周銅器〉，《文物》，一九七二、六。
〔註47〕見《殷周時代青銅器の研究》，頁七九。
〔註48〕見〈江西新淦大洋洲商墓發掘簡報〉，《文物》，一九九一、一〇。

鄭注三禮，每以漢制況周制，圭瓚形制即其一也。彼是否嘗見姬周瓚器，殆不能無疑。此據其〈考工記・玉人〉注，即已見之。鄭注云：「三璋之勺，形如圭瓚」，〈玉人〉不見有圭瓚之形，是其云「形如圭瓚」者，蓋欲因三璋勺，見出圭瓚之形，但三璋勺雖形如圭瓚，而圭瓚之形，鄭氏則取叔孫通所作《漢禮器制度》文以說之（見〈典瑞〉注）。《漢禮器》瓚受五升，徑八寸，其形則大，三璋之勺徑四寸，所容蓋似小也。又《漢禮器》瓚槃下復有徑尺之槃，乃以承上槃者，與圭瓚不同器也。是漢儒之說，實未必符合姬周禮制。宋楊簡《慈湖詩傳》云：「詳觀〈玉人〉本文，裸圭瓚與三璋黃金勺之文，隔絕甚多，文理未見其同，鄭說未安。」（卷一六頁二四）楊說是也。陳祥道《禮書》謂古有圭瓚璋瓚而無下槃，有鼻而無龍口，其說似較鄭說為近實情。惟陳說瓚有鼻，仍襲〈考工記・玉人〉所云璋制。

　　按瓚雖為勺制，而裸祭則以當爵，其挹之仍用蒲勺，不用瓚，此前已述及。白公父器，形似斗勺而自名為金爵者，其為用蓋亦與爵器類似。又大洋洲所出圭形銅柄器，學者亦以其即周代祭宗廟，禮賓客，用以裸鬯之瓚器。就現有出土實物與文獻資料相互比勘，亦頗為吻合。以上二種器形，《殷周時代青銅器の研究》一書，別為一器類，名之曰瓚，謂即禮書所載用以裸鬯之器物，其說或然。

# 第八章　結　論

　　本文徵諸經傳載記，兼採卜辭彝銘，以及前賢時修之論，冀以探討典籍所見祼禮之真象，及其相關問題。或考其原委，以祛眾惑，或博綜異說，以辨是非。爰陳所得，約述如次：

一、宗廟之祼，據《尚書》鄭注，似虞舜之世，即已有之。此說雖未盡可信，然夏有灌尊已明載《禮記・明堂位》。而據甲骨卜辭觀之，殷有此禮，而其祼儀與周人似無或異。

二、《說文》祼訓「灌祭」，莤訓「禮祭，束茅加于祼圭，而灌鬯酒，是為莤，象神歆之也」，據祭名言之，則謂之祼，據灌法言之，則謂之莤。惟治許學者大抵以「以茅草濾去酒糟滓」為說，而不以為即祼禮之灌法，斯說殆有未盡然者。蓋「用茅濾去其滓」，與夫「廟祭降神之時，束茅立之，以祼圭酌鬯酒，自上澆灌而下，酒汁漸漸滲透下流，使香氣通達於地下，庶神明聞之，而來格來享」者，本為二事，不容牽合。

三、古宗廟祭祀，必先降神，此蓋緣於魂魄鬼神之觀念，所以求諸陰陽之義。

四、王夫之、郭嵩燾謂古無灌地降神之事，此與宗廟祭祀所以必求神之義不合，其說蓋有未然。

五、灌地降神之說，始見於《禮記・郊特牲》。王國維據此而謂姬周中世以前無之，其說亦有可疑。

六、宗廟之祼，有祼神與祼尸之不同。祼神，所以降神也，在正獻之前；祼尸，所以獻尸也，在正獻之中。二者非一事。

七、初獻尸謂之裸者，蓋以其亦酌鬱鬯故也。亦即指宗廟九獻之初、二獻之節。鄭玄注禮，其宗廟之裸事，大抵皆以獻尸之裸當之。賈、孔二疏，合獻尸與灌地降神為一事，其說蓋有非然也。

八、酌鬱鬯灌地以降神，其灌法蓋如鄭興《周禮·甸師》注、許慎《說文》酋篆說解，以及《論語·八佾》皇疏所引「或說」為近實情。

九、唯宗廟人道有裸，天地山川四方諸外神不裸，鄭注〈玉人〉謂「天子巡守，有事山川，則用灌焉」者，蓋緣經文錯簡而誤。

一〇、裸，有吉裸，有賓裸。宗廟之裸，有裸神裸尸之別，賓客之裸，亦有禮裸饗裸之分。賓客之禮裸，蓋相當廟饗求神之裸，饗禮之裸，蓋相當廟饗獻尸之裸。

一一、所謂禮裸者，乃諸侯朝天子或諸侯自相朝，朝享畢，王或主國之君以鬱鬯禮賓也。所謂饗裸者，乃饗禮正獻，主人所以獻賓也，二者有殊。

一二、祭饗、賓饗義本相因，故經言大饗，並兼祭賓二禮言之。饗禮之裸，實即包於獻中，即上公九獻者，其初、二獻以酌鬱鬯，故亦通謂之裸也。此猶宗廟九獻，其初、二獻亦以酌鬱鬯以獻尸，故亦以二裸名焉。

一三、裸本專為宗廟求神之禮，故以灌地為義。至若尸裸、禮裸、饗裸、冠裸與籍裸者，蓋皆當以灌飲為義。

一四、裸必用酒，其酒曰鬱鬯，乃和鬱與秬鬯而成。其和秬鬯之鬱草，乃於行裸之際，始行擣煮，所以求其新潔芬香也。

一五、鬱，一名鬱金，始見《急就篇》。其根莖芳香而色黃，宜為和鬯以降神，《詩·旱麓》「黃流在中」者，即謂此。或謂用其葉或用其華者，蓋皆有未審也。

一六、鬯為旨酒名，漢儒以鬯為香草之名者，實謂鬱草，蓋以其宜以和鬯，故名，後世則無此稱。

一七、鬱金香為香料植物，來自異域。據文獻資料所見，當不能晚於東漢前期。以鬱金香，初稱鬱金，而鬱亦稱鬱金，異實同名，時或混淆，此一現象自漢儒已然。降及元明，或援鬱金香以說經典之「鬱」者，即沿襲漢儒之誤。

一八、鬱為草名，而築煮之者，亦以鬱稱，西周彝銘有「鬱彝」、「鬱壺」

之辭，可為佐證。至若稱鬱汁為鬯，蓋肇自漢儒。後之學者，更以之
為經典之「鬱鬯」，此說殆非。

一九、鬯、秬鬯、鬱鬯三者名義之解釋，前人之說甚為紛岐，鄭玄謂鬯為
秬酒，詳言之曰秬鬯，秬鬯之和鬱者為鬱鬯，說最精審。惟《禮記‧
郊特牲》「汁獻涗于醆酒」注，謂「秬鬯者，中有煮鬱，和以盎齊」，
則殊有可疑。

二〇、鬱鬯之名，見於西周金文，約在西周中期之初。在秬鬯未和鬱之前，
周人廟祭，或以秬鬯祼神。《詩‧江漢》圭瓚與秬鬯相將，可資為
證。

二一、《周禮‧司尊彝》「六彝」，舊說其器所飾，各畫本象，據出土實物，
知器制當肖象其物之形。

二二、「六彝」之「黃彝」，舊說有誤。徐中舒以為黃彝之黃蓋為觵省，亦
即《詩經》屢言之兕觥。其說雖較近理，然兕觥乃飲酒器，而非盛酒
之器。是徐說黃彝為角形酒器之兕觥，蓋亦有可商。

二三、「六彝」之「蜼彝」，鄭司農謂「蜼，或讀為公用射隼之隼」，隼者猛
鳥也。驗諸實物資料，酒器尊類中，有舊稱鴞尊者，蓋即指此類器。

二四、周世宗廟祭祀，祼獻必用彝尊，所用不同，則其名亦異。故宋儒說
經，皆謂周人四時祭祀，所用盛鬯之彝，各有其義。惟六彝形制，漢
儒箋注，既已不能無誤，則後人據其說，而欲窺其用義，殆必有曲為
之說者矣。

二五、挹鬯之器有勺有斗，二物之特異處，斗器其柄曲，且不與口緣連接；
勺器則為直柄，且與口緣相連，此其大較也。凡柄直，或柄與口緣相
連（包括柄曲而與口緣相連）者，悉當歸於勺類。

二六、祼鬯之器，曰玉瓚，曰圭瓚，曰鬯爵，曰祼圭，其名雖異，而其實
則同。惟其形制，鄭玄禮注以漢禮器擬周制，其說之未安，已見疑於
後人。是鄭說瓚制，殆不足以盡信。

二七、瓚之為物，雖如勺制，但異於勺。祼祭則以當爵，其挹之仍用勺，
不用瓚。先儒或以之為挹鬯之勺，且兼為祼祭之爵，斯說未可信也。

二八、出土實物，不見有漢儒所述形制之圭瓚。白公父器，形似斗勺而自
名為金爵，以及大洋洲所出圭形銅柄器，或以為即周人祭宗廟、禮賓
客，用以灌鬯之瓚器，取與文獻資料比勘，頗為吻合。

本論文所涉及之問題甚為廣泛,以上所列二十八條,乃篇中論點之較主要者,今據管窺所得,歸納如上,餘則概見於篇節中,不復贅焉。

# 參考書目

(論文篇目附)

1. 李鼎祚，《周易集解》，中新書局影印上海蜚英館《古經解彙函》本。
2. 孔穎達疏，《尚書注疏》，清嘉慶江西南昌府學原刻本，藝文印書館影印。
3. 王鳴盛，《尚書後案》，《皇清經解》本，復興書局。
4. 江聲，《尚書集注音疏》，《皇清經解》本，復興書局。
5. 孫星衍，《尚書今古文注疏》，《皇清經解》本，復興書局。
6. 簡朝亮，《尚書集注述疏》，鼎文書局。
7. 毛亨傳，鄭玄箋，孔穎達疏，《毛詩注疏》，清嘉慶江西南昌府學原刻本。
8. 楊簡，《慈湖詩傳》，《四庫全書》本，商務印書館。
9. 胡廣，《詩經大全》，《四庫全書》本，商務印書館。
10. 王夫之，《詩經稗疏》，《皇清經解續編》本（藝文影印南菁書院原刻本）。
11. 陳啟源，《毛詩稽古編》，《皇清經解》本，復興書局。
12. 焦循，《毛詩補疏》，《皇清經解》本，復興書局。
13. 胡承珙，《毛詩後箋》，《皇清經解續編》本，藝文印書館。
14. 馬瑞辰，《毛詩傳箋通釋》，《皇清經解續編》本，藝文印書館。
15. 顧棟高，《毛詩類釋》，《四庫全書》本。商務印書館。
16. 陳奐，《詩毛氏傳疏》，《皇清經解續編》本，藝文印書館。
17. 鄭玄注，《周禮鄭注》，《四部備要》本，中華書局。
18. 賈公彥疏，《周禮注疏》，藝文印書館。
19. 王安石，《周官新義》，《經苑》本，大通書局。
20. 王昭禹，《周禮詳解》，《四庫全書》本，商務印書館。
21. 易祓，《周官總義》，《四庫全書》本，商務印書館。
22. 王與之，《周禮訂義》，《四庫全書》本，商務印書館。

23. 林希逸，《考工記解》，《通志堂經解》本，大通書局。

24. 朱申，《周禮句解》，《四庫全書》本，商務印書館。

25. 不著撰人，《周禮集說》，《四庫全書》本，商務印書館。

26. 王應電，《周禮傳》，《四庫全書》本，商務印書館。

27. 柯尚遷，《周禮全經釋原》，《四庫全書》本，商務印書館。

28. 王志長，《周禮注疏刪翼》，《四庫全書》本，商務印書館。

29. 惠士奇，《禮說》，《皇清經解》本，復興書局。

30. 江永，《周禮疑義舉要》，《皇清經解》本，復興書局。

31. 乾隆十三年敕撰，《欽定周官義疏》，《四庫全書》本，商務印書館。

32. 段玉裁，《周禮漢讀考》，《皇清經解》本，復興書局。

33. 丁晏，《周禮釋注》，《頤志齋叢書》本，藝文印書館。

34. 孫詒讓，《周禮正義》，標點本，北京，中華書局。

35. 劉師培，《周禮古注集疏》，《劉申叔先生遺書》本，京華書局。

36. 鄭玄注，《儀禮鄭注》，《四部備要》本，中華書局。

37. 賈公彥疏，《儀禮注疏》，藝文印書館。

38. 凌廷堪，《禮經釋例》，《皇清經解》本，復興書局。

39. 任啟運，《肆獻裸饋食禮纂》，《皇清經解續編》本，藝文印書館。

40. 周聰俊，《饗禮考辨》，臺灣師範大學國研所博士論文（一九八八、六）。

41. 鄭玄注，《禮記鄭注》，《四部備要》本，中華書局。

42. 孔穎達疏，《禮記注疏》，清嘉慶江西南昌府學原刻本，藝文印書館影印。

43. 衛湜，《禮記集說》，《通志堂經解》本，大通書局。

44. 胡廣，《禮記大全》，《四庫全書》本，商務印書館。

45. 張廷玉等，《日講禮記解義》，《四庫全書》本，商務印書館。

46. 乾隆十三年敕撰，《欽定禮記義疏》，《四庫全書》本，商務印書館。

47. 抉經心室主人編，《皇朝五經彙解》（禮記），光緒十四年鴻文書局石印本，鼎文書局影印。

48. 朱彬，《禮記訓纂》，《四庫備要》本，中華書局。

49. 杭世駿，《續禮記集說》，光緒間浙江書局刊本，明文書局影印。

50. 孫希旦，《禮記集解》，蘭臺書局。

51. 莊有可，《禮記集說》，嘉慶九年刻本，力行書局影印。

52. 郭嵩燾，《禮記質疑》，文海出版社影印清同治間著者手定清稿本。

53. 聶崇義，《三禮圖》，《通志堂經解》本，大通書局。

54. 劉績，《三禮圖》，《四庫全書》本，商務印書館。

55. 陳祥道，《禮書》，《四庫全書》本，商務印書館。

56. 江永，《禮書綱目》，嘉慶十五年婺源俞氏鏤恩堂刊本，台聯國風出版社影印。

57. 秦蕙田，《五禮通考》，《四庫全書》本，商務印書館。

58. 朱子，《家禮·附錄》，《四庫全書》本，商務印書館。

59. 金鶚，《求古錄禮說》，《皇清經解續編》本，藝文印書館。

60. 林昌彝，《三禮通釋》，清同治三年廣州刊本，史語所藏。

61. 夏炘，《學禮管釋》，《皇清經解續編》本，藝文印書館。

62. 黃以周，《禮說》（儆季所著書），光緒二十年南菁書院刊本，中研院藏書。

63. 黃以周，《禮書通故》，華世出版社。

64. 杜預注，孔穎達疏，《左傳注疏》，清嘉慶江西南昌府學原刻本，藝文印書館。

65. 劉文淇，《春秋左氏傳舊注疏證》，明倫出版社。

66. 楊伯峻，《春秋左傳注》（修訂本），北京，中華書局。

67. 徐彥疏，《公羊注疏》，藝文印書館。

68. 楊士勛疏，《穀梁注疏》，藝文印書館。

69. 皇侃，《論語集解義疏》，世界書局。

70. 王夫之，《論語稗疏》，《皇清經解續編》本，藝文印書館。

71. 陸德明，《經典釋文》，《通志堂經解》本，大通書局。

72. 玄應，《一切經音義》，《叢書集成簡編》本，商務印書館。

73. 慧琳，《一切經音義》，藝文影印《海山仙館叢書》本。

74. 李惇，《群經識小》，《皇清經解》本，復興書局。

75. 俞樾，《群經平議》，《皇清經解續編》本，藝文印書館。

76. 郭璞注，邢昺疏，《爾雅注疏》，清嘉慶江西南昌府學原刻本，藝文印書館影印。

77. 陸佃，《埤雅》，《五雅》本，商務印書館。

78. 羅願，《爾雅翼》，《四庫全書》本，商務印書館。

79. 史游，《急就篇》，《四庫全書》本，商務印書館。

80. 許慎，《說文解字》，《古逸叢書》本，商務印書館。

81. 郭忠恕，《汗簡》，《四庫善本叢書》本，藝文印書館。

82. 段玉裁，《說文解字注》，經韻樓藏版，藝文印書館。

83. 王筠，《說文句讀》，廣文書局。

84. 吳大澂，《說文古籀補》，藝文印書館。

85. 丁佛言，《說文古籀補補》，藝文印書館。

86. 強運開，《說文古籀三補》，藝文印書館。

87. 高鴻縉，《中國字例》，廣文書局。

88. 魯實先，《文字析義》，魯實先全集編輯委員會。

89. 徐中舒編，《秦漢魏晉篆隸字形表》，四川辭書出版社。

90. 陳彭年等，《校正宋本廣韻》，藝文印書館。

91. 丁度等，《集韻》，《四庫備要》本。中華書局。

92. 呂大臨，《考古圖》，《四庫全書》本，商務印書館。

93. 佚名，《續考古圖》，《四庫全書》本，商務印書館。

94. 王黼，《宣和博古圖》，《四庫全書》本，商務印書館。

95. 梁詩正等，《欽定西清古鑑》，《四庫全書》本，商務印書館。

96. 王杰等，《西清續鑑甲編》，台聯國風出版社。

97. 阮元，《積古齋鐘鼎款識》，藝文印書館。

98. 孫詒讓，《古籀餘論》，燕京大學。

99. 吳式芬，《攈古錄金文》，樂天出版社。

100. 吳大澂，《愙齋集古錄》，台聯國風出版社。

101. 端方，《陶齋吉金錄》，有正書局石印本。

102. 方濬益，《綴遺齋彝器款識考釋》，台聯國風出版社。

103. 劉心源，《奇觚室吉金文述》，藝文印書館。

104. 于省吾，《商周金文錄遺》，明倫出版社，一九五七。

105. 于省吾，《雙劍誃吉金文選》，藝文印書館，一九三四。

106. 王國維，《觀堂古今文考釋》（《海寧王靜安先生遺書》），商務印書館。

107. 吳闓生，《吉金文錄》，樂天出版社影印南宮邢氏藏板，一九三三。

108. 李孝定，《金文詁林讀後記》，史語所專刊，一九八二。

109. 李孝定等編，《金文詁林附錄》，香港中文大學，一九七七。

110. 李濟、萬家保，《殷虛出土伍拾參件青銅容器之研究》，史語所古器物研究專刊，一九七二。

111. 周法高主編，《金文詁林》，香港中文大學，一九七四。

112. 周法高主編，《金文詁林補》，史語所專刊，一九八二。

113. 林巳奈夫，《殷周時代青銅器の研究》，日本東京，吉川弘文館。

114. 故宮博物院編，《商周青銅酒器》，故宮博物院，一九八九。

115. 唐蘭，《西周青銅器銘文分代史徵》，北京，中華書局，一九八六。

116. 容庚，《金文編》（修訂四版），北京，中華書局，一九八四。

117. 容庚，《商周彝器通考》，哈佛燕京學社，一九四一。

118. 容庚、張維持，《殷周青銅器通論》，北京，文物出版社，一九五八。

119. 馬承源，《中國青銅器》，上海古籍出版社，一九八八。

120. 馬承源主編，《商周青銅器銘文選》，北京，文物出版社，一九八八。

121. 張克明，《殷周青銅器求真》，國立編譯館，一九六五。

122. 郭沫若，《兩周金文辭大系考釋》，北京，科學出版社增訂本，一九五七。

123. 郭沫若，《金文叢攷》，明倫出版社，一九三二。

124. 郭沫若，《殷周青銅器銘文研究》，明倫出版社，一九三一。

125. 郭寶鈞，《中國青銅器時代》，北京，三聯書店，一九六三。

126. 郭寶鈞，《商周銅器群綜合研究》，北京，文物出版社，一九八一。

127. 陳夢家，《海外中國銅器圖錄》，台聯國風出版社，一九四六。

128. 楊樹達，《積微居金文說》，大通書局，一九五二。

129. 羅振玉，《三代吉金文存》，明倫出版社，一九三七。

130. 嚴一萍，《金文總集》，藝文印書館，一九八三。

131. 于省吾，《甲骨文字釋林》，大通書局，一九七九。

132. 中國科學院考古研究所，《甲骨文編》，香港，中華書局香港分局，一九七八。

133. 李孝定，《甲骨文字集釋》，史語所專刊，一九六五。

134. 屈萬里，《殷虛文字甲編考釋》，史語所，一九六一。

135. 姚孝遂，《殷墟甲骨刻辭類纂》，北京，中華書局，一九八九。

136. 孫詒讓，《契文舉例》，藝文印書館（孫籀廎先生集收）。

137. 唐蘭，《天壤閣甲骨文存附考釋》，北京輔仁大學，一九三九。

138. 徐中舒，《甲骨文字典》，四川辭書出版社，一九八八。

139. 張秉權，《甲骨文與甲骨學》，國立編譯館，一九八八。

140. 郭沫若，《殷契粹編》，日本文求堂石印本，一九三七。

141. 陳夢家，《殷虛卜辭綜述》，北京，中華書局，一九五六。

142. 趙誠，《甲骨文簡明詞典》，北京，中華書局，一九八八。

143. 羅振玉《殷虛書契考釋》，藝文印書館影印，一九二七。

144. 司馬遷，《史記》，武英殿本，藝文印書館。

145. 范曄，《後漢書》，標點本，鼎文書局。

146. 姚思廉，《梁書》，標點本，鼎文書局。

147. 令狐德棻，《周書》，標點本，鼎文書局。

148. 魏收，《魏書》，標點本，鼎文書局。

149. 魏徵，《隋書》，標點本，鼎文書局。

150. 韋昭注，《國語》，標點本，里仁書局。

151. 酈道元，《水經注》，武英殿聚珍本，藝文印書館。

152. 杜佑，《通典》，校點本，中華書局。

153. 鄭樵，《通志》，中文出版社。

154. 不著撰人，《四庫全書總目提要》，商務印書館。

155. 章學誠，《文史通義》，史學出版社。

156. 林惠祥，《文化人類學》，商務印書館。

157. 河南省文物研究所‧河南省丹江庫區考古發掘隊‧淅川縣博物館，《淅川下寺春秋楚墓》，文物出版社。

158. 劉向，《說苑》，《增訂漢魏叢書》本，大化書局。

159. 李時珍，《本草綱目》，鼎文書局。

160. 吳其濬，《植物名實圖考長編》，世界書局。

161. 不著撰人，《現代本草中國藥材學》，啟業書局。

162. 董逌，《廣川書跋》，《四庫全書》本，商務印書館。

163. 趙希鵠，《洞天清錄》，《四庫全書》本，商務印書館。

164. 杜臺卿，《玉燭寶典》，藝文影印清光緒黎庶昌校刊《古逸叢書》本。

165. 那志良，《古玉鑑裁》，國泰美術館。

166. 班固，《白虎通》，《增訂漢魏叢書》本，大化書局。

167. 陳立，《白虎通疏證》，《皇清經解續編》本，藝文印書館。

168. 王充，《論衡》，《增訂漢魏叢書》本，大化書局。

169. 王國維，《觀堂集林》，世界書局影印本。

170. 錢穆，《靈魂與心》，聯經出版公司。

171. 歐陽詢，《藝文類聚》，文光出版社。

172. 李昉，《太平御覽》，明倫出版社。

173. 章如愚，《群書考索》，《四庫全書》本，商務印書館。

174. 陳夢雷，《古今圖書集成》，鼎文書局。

175. 王謨，《漢魏遺書鈔》，乾隆五十六年金谿王氏刻八十六種本，大化書局影印。

176. 馬國翰，《玉函山房輯佚書》，同治十年辛未濟南皇華館書局補刻本，文海出版社影印。

177. 黃奭，《黃氏逸書考》，藝文影印道光中甘泉黃氏刊，一九二五年王鑒修本。

178. 丁福保，《全漢三國晉南北朝詩》，藝文印書館。

179. 于景讓，〈鬱金與鬱金香〉，《大陸雜誌》，第十一卷第二期（一九五五、七）。

180. 孔德成，〈說兕觥〉，《東海學報》，第六卷第一期（一九六四・六）。

181. 王振鐸，〈司南指南針與羅盤經〉（上），《中國考古學報》，第三冊（一九四八、五）。

182. 史言，〈扶風庄白大隊出土的一批西周銅器〉，《文物》，一九七二、六。

183. 白川靜，〈效尊〉，《金文通釋》第十六輯，白鶴美術館。

184. 江西省文物考古研究所・江西省新淦縣博物館，〈江西新淦大洋洲商墓發掘簡報〉，《文物》，一九九一、一〇。

185. 余英時，《中國古代死後世界觀的演變》，《聯合月刊》，第二六期（一九八三、九）。

186. 吳匡，〈說鬱〉，《金文詁林補》，冊三，頁一七〇〇至一七〇四。

187. 吳振武，〈說苞鬱〉，《中原文物》，一九九〇、三。

188. 李學勤，〈灃西發現的乙卯尊及其意義〉，《文物》，一九八六、七。

189. 杜金鵬，〈封頂盉研究〉，《考古學報》，一九九二、一。

190. 赤塚忠，〈殷金文考釋〉，《中國古代の宗教と文化》，日本東京，角川書店。

191. 周到、趙新來，〈河南鶴壁龐村出土的青銅器〉，《文物資料叢刊》（三），文物出版社。

192. 周聰俊，〈殷周禮制中醴及醴器研究〉，《大陸雜誌》，第八十六卷第四期（一九九三、四）

193. 周聰俊，〈鬯器考〉，《大陸雜誌》，第八十九卷，第一期（一九九四、七）。

194. 屈萬里，〈兕觥問題重探〉，史語所集刊，第四十三本，第四分（一九七一、一二）。

195. 林巳奈夫，〈殷西周時代禮器の類別と用法〉，《東方學報》，第五三冊（一九八一、八）。

196. 河南省博物館，〈河南三門峽上村嶺出土的幾件戰國銅器〉，《文物》，一九七六、三。

197. 金祥恒，〈釋𣪘𣪘〉，《中國文字》，第二十四冊（一九六七、六）。

198. 南京博物館・儀徵博物館籌備辦公室，〈儀徵張集團山西漢墓〉，《考古學報》，一九九二、四。

199. 唐蘭，〈何尊銘文解釋〉，《文物》一九七六、一。

200. 唐蘭，〈論周昭王時代的青銅器銘刻上編・昭王時代青銅器銘五十三篇的

考釋〉,《古文字研究》,第二輯,中華書局。

201. 徐中舒,〈古代狩獵圖象考〉,《慶祝蔡元培先生六十五歲論文集》下冊,史語所(一九三五、一)。

202. 徐中舒,〈說尊彝〉,史語所集刊,第七本,第一分(一九三六、一二)。

203. 陝西周原考古隊,〈陝西扶風縣雲塘、庄白二號西周銅器窖藏〉,《文物》,一九七八、一一。

204. 馬承源,〈何尊銘文初釋〉,《文物》一九七六、一。

205. 張臨生,〈說盉與匜——青銅彝器中的水器〉,《故宮季刊》第十七卷第一期(一九八二)。

206. 郭沫若,〈由周初四德器的考釋談到殷代已在進行文字簡化〉,《文物》,一九五九、七。

207. 陳夢家,《西周銅器斷代研究》(三),《考古學報》第十一期,一九五六、一。

208. 黃士強,〈中國新石器時代的鬹與盉〉,《臺灣大學文史哲學報》,第二六期(一九七七、一二)。

209. 黃盛璋,〈穆世標準器——鮮盤的發現及其相關問題〉,《徐中舒先生九十壽辰紀念文集》,巴蜀書社。

210. 楊寬,〈鄉飲酒禮與饗禮新探〉,《古史新探》,北京,中華書局。

211. 葛今,〈涇陽高家堡早周墓葬發掘記〉,《文物》,一九七二、七。

212. 鄒衡,〈試論夏文化〉,《夏商周考古學論文集》,北京,文物出版社,一九八〇。

213. 劉節,〈釋彝〉,《古史考存》,香港,太平書局。

214. 劉節,〈釋嬴〉,《古史考存》,香港,太平書局。

215. 戴應新,〈涇陽高家堡商周墓群發掘記〉,《故宮文物月刊》,第十卷第七期(一九九二、一〇)。

# 圖　版

圖一：鬱金（臺灣土名薑黃）

圖二：兩頭獸紋鐎　戰國時期

（《商周彝器通考》附圖四八九）

圖三：《陶齋吉金錄》（卷六）著錄漢中尚方鐎斗

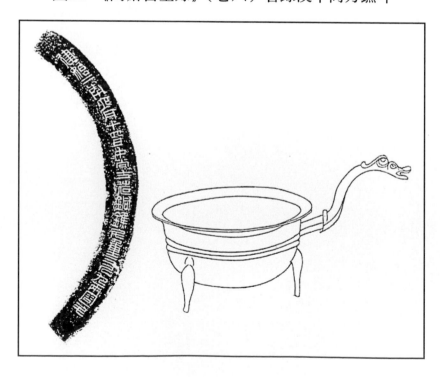

## 圖四：儀徵張集團山西漢墓出土鐎盉

（《考古學報》一九九二、四，圖版拾，五）

## 圖五：陝西寶雞出土酒器

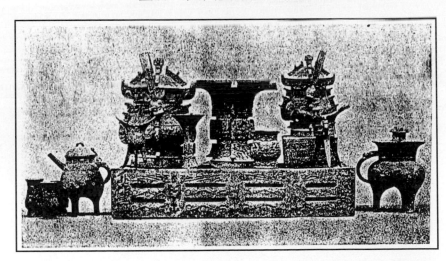

（《商周彝器通考》上編附圖一）

## 圖六：聶崇義《三禮圖》六彝圖

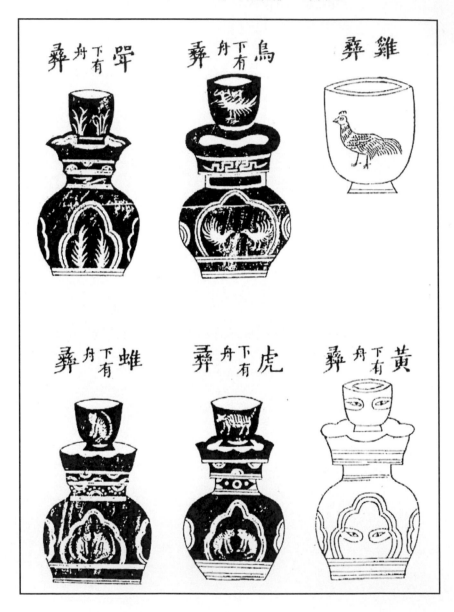

圖七：山東龍山文化之紅陶雞彝

（《夏商周考古學論文集》圖版一）

圖八：陝西寶雞茹家莊出土三足鳥尊　西周中期

（《中國美術全集》冊四圖版二〇七）

圖九：中研院史語所發掘殷墟所得角形器

（《殷虛出土伍拾參件青銅容器之研究》圖版肆捌）

圖一〇：西清續鑑甲編（卷十二）著錄兕觥

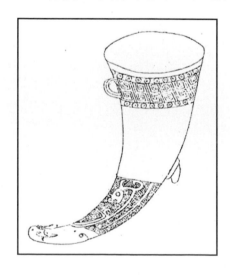

圖一一：聶崇義《三禮圖》觥圖

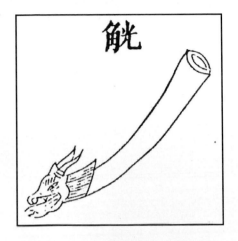

圖一二：阮元所謂子燮兒觥

（見《商周彝器通考》圖版四三○）

圖一三：守宮作父辛觥及斗　西周前期

（《商周彝器通考》下編附圖六八五甲、六八五丁）

圖一四：賣弘觥　商晚期

（《上海博物館藏青銅器》，圖版一六）

### 圖一五：新鄭出土虎彝　春秋時期

（《殷周青銅器通論》圖版柒柒、一五一）

### 圖一六：虎尊　春秋時期

（《殷周青銅器通論》圖版柒柒、一五〇）

圖一七：鴞尊　西周前期

（《殷周青銅器通論》圖版柒貳、一四○）

圖一八：聶崇義《三禮圖》彝舟圖

圖一九：河南淅川下寺出土雲紋禁　春秋中期

（《河南淅川下寺春秋楚墓》圖版四九）

圖二〇：林昌彝《三禮通釋》舟圖

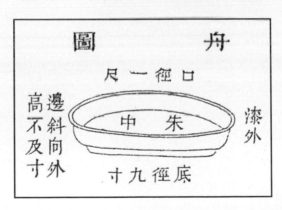

圖二一：聶崇義《三禮圖》龍勺、疏勺、蒲勺圖

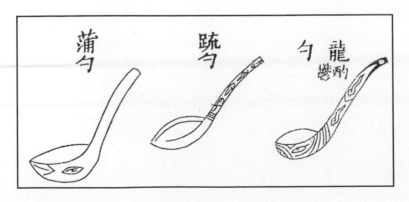

圖二二：河南陝縣三門峽上村嶺出土方罍及勺　戰國中晚期

（《文物》一九七六、三：圖版參：2）

圖二三：河南鶴壁龐村出土魚父己卣及斗　西周早期

（《文物資料叢刊》〔三〕，頁三，圖一二）

圖二四：漢漆勺圖

（王振鐸〈司南指南針與羅盤經〉圖一五、一七）

圖二五：聶崇義《三禮圖》大璋瓚、中璋瓚、邊璋瓚圖

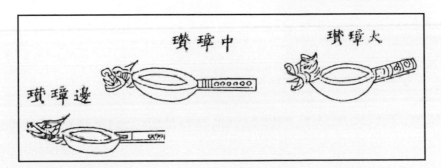

圖二六：聶崇義《三禮圖》圭瓚、璋瓚圖

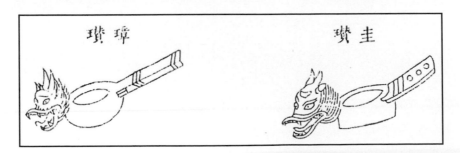

圖二七：聶崇義《三禮圖》瓚槃圖

圖二八：陳祥道《禮書》圭瓚、璋瓚圖

圖二九：黃以周《禮書通故》圭瓚圖

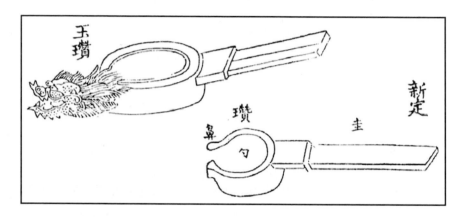

圖三〇：陝西長安張家坡出土銅斗　西周晚期

（《商周銅器群綜合研究》圖版伍參、伍肆）

## 圖三一：陝西扶風雲塘出土伯公父勺　西周晚期

（《陝西出土商周青銅器》〔三〕圖版九三）

圖三二：陝西扶風庄白出土夔紋柄勺　西周中期

（《文物》一九七二、六，頁三四，圖一四）

圖三三：江西新淦大洋洲出土青銅瓚　二里岡期至殷墟早期之間

（《故宮文物月刊》一九九三、三，頁八八，圖二六）

## 附　記：

本書原稿係筆者執教台灣科技大學時之升等舊作，於一九九四年秋完成，並於是年十二月，委由文史哲出版社出版，二〇二〇年五月五日重校訖，聰俊附記。